1000萬人의 관광 프랑스어 회화

조항덕

현 숙명여자대학교 교수
서울대 불어교육과 졸업
프랑스 Paris 4 대학교 언어학 박사
〈저서〉 Le français Ⅰ, Ⅱ
　　　　프랑스어 편지 쓰기
　　　　노래로 배우는 프랑스어외 다수

1000포인트의 관광 프랑스어 회화

초판 2 쇄 인쇄 · 2009년 3월 1일
초판 2 쇄 발행 · 2009년 3월 5일
저 자 · 조항덕
발행인 · 서 덕 일
발행처 · 도서출판 문예림
출판등록 · 1962년 7월 12일 제2-110호
주 소 · 서울 광진구 군자동 1-13 문예하우스 101호
전 화 · 02)499-1281,2
팩 스 · 02)499-1283
http://www.bookmoon.co.kr
Email; book1281@hanmail.net

ISBN 89-7482-168-2 33760

■ 저자와의 협의에 의해 인지는 생략합니다.
■ 잘못된 책은 구입하신 서점에서 교환하여 드립니다.

1000萬人의 관광 프랑스어 회화

머리말

먼미래의 일로 생각되어지던 21세기가 벌써 한참 흘러갔다. 그동안 우리의 삶도 여러 가지로 변화하여 편리함을 추구할 뿐만 아니라 다양한 매체를 통해 늘 새로운 정보를 접하고 있다. 이와 함께 우리의 지식도 넓어져 어느 한 분야를 깊게 아는 것보다 여러 분야를 넓게 알아야 이 세상에서 뒤떨어지지 않고 살아갈 수 있게 되었다. 특히 인터넷의 상용화는 전 세계를 대상으로 하여 정보를 주고 받는 획기적인 시대를 이끌어가고 있다.

외국이 더이상 멀리 있는 나라가 아니고 외국에 가는 것이 이제는 예전에 이웃집에 가는 것과 같이 쉽게 생각되어지는 가까운 사이가 되었다. 외국인을 만나서 이야기를 나누는 것이 전혀 주변 사람들의 주의를 끌지 않는다. 21세기는 정보화, 세계화라는 표현이 어울리게 우리에게 다가온 것이다. 이러한 시대를 살아가는 우리는 적어도 하나의 외국어는 필수적으로 알고 있어야 한다.

프랑스는 유럽의 중앙에 위치하여 지리적인 요충이 되고 있으며 문화적으로도 많은 유적과 유물들을 간직한 관광의 보고라고 말할 수 있다. 최근의 통계에서도 세계에서 가장 관광객을 많이 유치하는 관광 대국임을 알 수 있다.

우리가 프랑스를 방문하는 목적이 단순히 관광만은 아닐 것이다. 사업상, 국제회의에 참석하기 위해서, 또는 자료 수집 차, 심지어는 유럽의 다른 나라를 가는데 단순히 거쳐 지나가기 위해서 프랑스를 방문할 수 있다. 프랑스에 가게 되면 당연히 프랑스어로 의사소통을 하게 된다. 프랑스인들이 영어를 잘 모를뿐더러 알고 있다해도 자신들의 언어를 우선하려는 프랑스인들의 의식 때문에 영어가 잘 통하지 않는다.

  길거리에서 한마디하는 프랑스어 표현이 관광객에게 크게 유용할 수가 있다. 외국인 관광객으로 프랑스어를 유창하게 말할 필요는 없다. 필요한 단어를 사용하여 간단한 말로 하면 프랑스인들이 유추하여 알아듣거나 말하고자 하는 올바른 표현을 제시하여 주기도 한다. 또는 본 책자에 나와 있는 표현을 손가락으로 가리키면서 자신의 의사를 표시해도 된다.

  본 관광 필수 프랑스어는 상황 중심으로 표현을 정리하였으며 여기에 제시된 표현은 여러 가능한 표현 가운데 하나로 기본적이라고 생각되는 간단한 표현들만을 모아 놓았다. 본 소책자가 프랑스어를 이해하는데 조금이나마 도움이 되기를 바라며 관광지에서 유용하게 쓰일 수 있기를 기대한다.

2001년 가을
저자 씀.

차례

◎ 프랑스어의 이해

A. 기초 회화

1. 인사하기 | 17
2. 감사의 표현 | 27
3. 자기 소개 | 30
4. 상대방에게 말 걸 때 | 37
5. 긍정과 부정의 대답 | 40
6. 사과 하기 | 43
7. 질문하기 | 45
8. 축하(기원)해주는 표현 | 49
9. 요구할 때 | 51
10. 시간 | 54

B. 회화

1. 출국에서 도착까지 | 63
2. 교통 | 77

3. 호텔 숙박 | 97

4. 식사 | 112

5. 쇼핑하기 | 129

6. 관광에 대해서 | 143

7. 영화나 연극 | 149

8. 운동 | 157

9. 우편, 전화 | 159

10. 약국, 병원 | 166

11. 사고가 났을 때 | 170

C. 부록

어휘 | 176

프랑스어의 이해

　　　　세계의 많은 언어 가운데에서도 프랑스어는 가장 아름다운 언어라고 알려져 있다. 프랑스가 오래 전부터 자국의 언어에 대한 보호 정책을 실시하여 가꾸어 왔으며 프랑스 국민들도 자신의 언어에 대한 자부심이 대단하여 언어 순화에 노력을 기울였으며 이러한 총체적인 노력이 오늘날의 프랑스어를 만드는데 기여하였다.

　오늘날의 프랑스어는 그 연원을 라틴어에 두고 있다. 지역적으로 대륙의 끝에 위치하고 있는 프랑스를 로마가 정복하기 시작한 것은 기원전 150년 경이다. 이 지역은 라틴어로 골(Gaule)이라 불렸으며 이곳 주민들을 골족(Gaulois)이라고 일컬었다. 골족은 유럽 전역에 퍼져 살고 있던 켈트족의 일부로 나름대로 독특한 문화와 언어를 갖고 있었다. 이들은 사교적이고 잡담하기를 좋아하며 그들보다 앞선 문명을 가진 민족과 접할 때는 자신의 고유 언어, 구조, 종교, 등을 버리고 이민족의 선진 문화에 쉽게 동화되었다. 기원전 51년에 골 지역 전체가 로마에 항복하게 되자 골 지역은 서서히 라틴화하기 시작했으며 서기 400년 경에는 골족의 언어가 민중 라틴어에 의해 완전히 대체되었다.

　따라서 오늘날의 프랑스어를 이해하기 위해서는 라틴어의 특징을 살펴보아야 한다. 우선 라틴어는 굴절어에 속한다. 굴절어라 함은 어근과 어미의 구별이 있어 다양한 의미를 갖고 있는 굴절 어미가 어근에 첨가되어 단어에 변화를 가져오는 언어를 말한다. 또한 동사는 곡용을 하는데 곡용이란 단어 끝 부분이 굴절 변화하는 것을 말하는 것으로 곡용에 의해 단어의 성과 수 등이 구별된다.

프랑스어의 동사 활용에서 인칭, 수, 시제, 법, 태 등의 변화에 따라 어미 형태가 달라지게 되는데 간단한 예로 동사의 현재 변화에서 인칭과 수에 따라 어미가 달라지는 것이 바로 이러한 라틴어의 특징을 나타내는 것이다.

프랑스어가 라틴어의 영향만 받은 것은 아니다. 로마 제국의 힘이 약화되면서 북방의 게르만족들이 남쪽으로 밀려오게 되었는데 이로 인해 오늘날의 프랑스어 가운데에도 게르만어에서 유래한 단어들이 많이 사용되고 있다. 그 외에도 영어나 다른 외국어에서 차용된 단어들도 사용되고 있으나 그 수가 많지는 않다.

오늘날 프랑스어의 발음 구조를 살펴보면 다음과 같다. 우선 모음의 구조를 보자.
모음은 소리가 발성 기관을 통해 나오면서 아무런 방해를 받지 않는 음으로 모두 유성음이 되며 각 모음의 차이는 입을 얼마나 벌려서 발음을 하느냐 그리고 발음 장소가 입의 바깥쪽이냐 안쪽이냐에 따라 달라진다.

프랑스어 모음의 발음을 간단히 설명하면 다음과 같다.

[a] ➡ 아 : 입을 크게 벌려서 발음한다.
철자상으로는 a, à, â 등이 있다.

[i] ➡ 이 : 입을 닫고 옆으로 벌려서 발음한다.
철자상으로 i, î, y 등이 있다.

[u] ➡ 우 : 입술을 동그랗게 앞으로 내밀어 발음한다.

철자상으로 u, ù, û, ou, 등이 있다.

[e] ➡ 에 : 입을 반쯤 열어 바깥쪽에서 발음한다.
철자상으로 e, é, ê, ai, ei, 등이 있다.

[ɛ] ➡ 에 : [e]보다 약간 입을 더 열어 발음한다.
철자상으로 e, è, 등이 있다.

[o] ➡ 오 : 입술을 동그랗게 해서 발음한다.
철자상으로 o, , au, eau, 등이 있다.

[ɔ] ➡ 오 : [o]보다 약간 입을 더 열어 발음한다.
철자상으로 o 가 있다.

[y] ➡ 위 : [i]의 발음 위치에서 입술을 동그랗게 해서 발음한다.
단모음이기 때문에 한번에 발음낸다.
철자상으로 u 가 있다.

[ø] ➡ 외 : [e]의 발음 위치에서 입술을 동그랗게 해서 발음한다.
단모음이다.
철자상으로 eu 가 있다.

[œ] ➡ 외 : [ø] 발음보다 약간 입을 더 열어 발음한다.

철자상으로 eu 가 있다.

여기에 다음과 같은 4개의 비강음이 있다. 비강음은 소리가 나올 때 공기가 코로도 일부 통과하는 소리이다.

[ã] ➡ 앙 : 입의 뒤쪽에서 발음된다.
         철자상으로 an, am, en, em 등이 있다.

[ɔ̃] ➡ 옹 : 입의 뒤쪽에서 발음된다.
         철자상으로 on, om 등이 있다.

[ɛ̃] ➡ 엥 : 입의 앞쪽에서 발음된다.
         철자상으로 in, ain, ein, yn, ym 등이 있다.

[œ̃] ➡ 욍 : 입의 앞쪽에서 발음된다.
         철자상으로 un, um 등이 있다.

 자음은 폐쇄음과 협착음으로 구분되는데 폐쇄음은 소리가 발음 기관을 통해 나오면서 차단되는 음이며 협착음은 발음기관이 좁아져서 방해를 받는 음이다. 또한 자음은 유성음과 무성음으로 구분되는데 유성음은 성대의 떨림을 동반하는 음이며 무성음은 성대의 떨림을 동반하지 않는 음이다. 그리고 발음 장소가 어디냐에 따라 그 명칭이 붙는다.
 프랑스어의 자음을 간단히 설명하면 다음과 같다.

[p]/[b]/[m] 쁘/브/므 : 양순음으로 두 입술이 닫혔다 열리면서 발음된다. [p]는 무성음, [b]는 유성음, [m]는 비강음이다.

[t]/[d]/[n] 뜨/드/느 : 치조음으로 혀가 위 이빨 뒤쪽의 치조에 부딪치면서 발음된다. [n]는 비강음이다.

[k]/[g] 끄/그 : 연구개음으로 혀의 뒤부분이 입천장에 부딪치면서 발음된다.

[f]/[v] 프/브 : 순치음으로 아래 이빨이 위 입술에 가까이 다가가 협착되어 발음된다.

[s]/[z] 스/즈 : 아래 위 이빨을 맞물리고 입을 옆으로 벌려 발음한다.

[l] 르 : 유음이라 하며 혀끝이 경구개 부분을 부딪쳤다 떨어지며 발음되며 혀의 양 옆으로 공기가 빠져 나간다.

[ʃ]/[ʒ] 슈/쥬 : 아래 위 이빨을 맞부딪치고 입술을 앞으로 내밀어 공기가 혀의 양 옆으로 나가면서 발음된다.

[ɲ] 뉴 : 혀끝이 경구개의 뒤부분에 부딪쳤다 떨어지면서 발음된다.

[R] 흐 : 목젖음이라 하며 혀뿌리를 입천장에 가까이 가져가 발음한다.

대체적으로 프랑스어 단어의 마지막 자음은 발음되지 않으나 항상 예외는 있기 마련이다.

또한 연음 현상이 있어 앞 단어의 마지막 자음이 뒷 단어의 첫 모음과 한 음절을 이루어 발음되는데 연음을 하고 안하고가 의미의 변화를 가져오는 경우도 있으니 주의해야 한다.

기본회화

1. 인사하기

알아두기

프랑스에서 흔히 쓰이는 인사말은 Bonjour!(봉주흐)다. 가까운 친구 사이에는 Ça va?(사바)라고도 한다.

1. 만났을 때의 인사

안녕하십니까?

Bonjour.
봉주흐

안녕하십니까, 부인?

Bonjour, Madame.
봉주흐   마담

안녕하십니까, 아가씨?

Bonjour, Mademoiselle.
봉주흐   마드와젤

안녕하십니까, 선생님?

Bonjour, Monsieur.
봉주흐　　　므시외

안녕, 씰비.

Bonjour, Sylvie.
봉주흐　　　씰비

 위의 인사에 대한 대답을 할 때에는 간단히 Bonjour.(봉주흐)라고 뒷부분을 내려서 가볍게 말하면 된다.

2. 처음 만났을 때의 인사

반갑습니다.

Enchanté.
앙샹떼

당신을 만나 반갑습니다.

Enchanté de vous voir.
앙샹떼　　　드　부　　봐흐

당신을 다시 만나 반갑습니다.

Enchanté de vous revoir.
앙샹떼　　　드　부　　르봐흐

당신을 만나 반갑습니다.

Je suis heureux de vous rencontrer.
쥬 쒸 죄뢰 드 부 랑꽁트레

당신을 알게 되어 반갑습니다.

Je suis heureux de faire votre connaissance.
쥬 쒸 죄뢰 드 페흐 보트르 꼬네쌍스

기본화화

문화 엿보기

Madame은 결혼한 여자에게 쓰는 표현이며, Mademoiselle은 나이와는 상관없이 결혼하지 않은 여자에게 쓰는 표현이다. Monsieur는 남자에게 쓰는 표현으로 정중한 인사를 할 때 사용한다. 어린아이에게는 이런 표현을 쓰지 않는다.

3. 가까운 사이의 인사

안녕? (또는 잘 지내니?)

Ça va?
싸 바

기본화화

안녕? (또는 잘 지내니?)

Ça va bien?
싸 바 비엥

너 잘 지내니?

Tu vas bien?
뛰 바 비엥

잘 지내세요?

Vous allez bien?
부 잘레 비엥

♣ 이에 대한 대답은 :

그래, 잘 지내.

Oui, ça va.
위 싸 바

그래 잘 지내.

Oui, ça va bien.
위 씨 바 비엥

그래 아주 잘 지내.

Oui, ça va très bien.
위 씨 바 트레 비엥

기본화화

그래 아주 잘 지내, 그럼 너는?

Oui, ça va très bien, et toi?
위 씨 바 트레 비엥 에 뚜아

그래 난 잘 지내.

Oui, je vais bien.
위 쥬 베 비엥

예, 아주 잘 지냅니다. 당신은요?

Oui, je vais très bien, et vous?
위 쥬 베 트레 비엥 에 부

4. 헤어질 때의 인사

기본화화

또 만나자.

Au revoir.
오 르봐

곧 다시 만나자.

A bientôt.
아 비엥또

잠시 후 다시 만나자.

A tout à l'heure.
아 뚜따   러흐

내일 다시 만나자.

A demain.
아 드멩

좋은 하루가 되세요.

Bonne journée.
본   주흐네

좋은 오후가 되세요.

Bon après-midi.
본   아프레-미디

좋은 저녁이 되세요.

Bonne soirée.
본   쇠레

잘 자(편히 주무세요).

Bonne nuit.
본   뉘

기본회화

5. 안부를 묻고 대답하는 표현

어떻게 지내세요?

Comment allez-vous?
꼬망   딸레-부

어떻게 지내니?

Comment vas-tu?
꼬망   바-뛰

어떻게 잘 지내니?

Comment ça va?
꼬망   씨 바

괜찮니?

Ça va?
씨 바

잘 지내니?

Ça va bien?

싸 바 비엥

♣ 위의 물음에 대한 대답은 다음과 같다

기본회화

잘 지내.

Ça va.

싸 바

잘 지내고 있어.

Ça va très bien.

싸 바 트레 비엥

나는 잘 지내고 있어.

Je vais bien.

쥬 베 비엥

나는 아주 잘 지내고 있어.

Je vais très bien.

쥬 베 트레 비엥

나쁘지는 않아.

Pas mal.

빠 말

그럭 저럭.

Comme ci comme ça.
꼼   씨 꼼   싸

그렇게 좋지는 않아.

Pas très bien.
빠   트레 비엥

아주 안 좋아.

Très mal.
트레 말

아주 안 좋아.

Je vais très mal.
쥬 베   트레 말

6. 대답의 표현

예.

Oui.
위

아니오.

Non.
농

아니오. (부정 의문문에 대한 긍정 대답)
Si.
씨

동의합니다.
D'accord.
다꺼

기본회화

좋습니다.
O.K.
오께

좋은 생각입니다.
Bonne idée.
본   이데

그렇지 않습니다.
Pas d'accord.
빠   다꺼

천만에요.
Pas du tout.
빠 뒤 뚜

전혀 그게 아닙니다.
Rien du tout.
리엥 뒤 뚜

프 랑스 어 회화 · 26

2. 감사의 표현

 문화 엿보기

프랑스에서는 감사의 표현을 자주 해야 한다. 조그만 일에도 감사의 표현을 하는 것이 예의다. 감사의 표현을 아끼면 예의 바르지 못한 사람이라는 인상을 주게 되며 주위 사람들의 눈총을 받게 된다. 어린이들이 상대방에게 하는 말 가운데 Tu n'es pas gentil.(뛰 네 빠 쟝띠) "너 점잖지 못하구나."라는 표현이 가장 듣기 싫어하는 표현이다.

고맙습니다.

Merci.

메흐씨

대단히 고맙습니다.

Merci beaucoup.

메흐씨   보꾸

대단히 고맙습니다, 부인.

Merci beaucoup, Madame.

메흐씨   보꾸   마담

대단히 고맙습니다, 선생님.

Merci beaucoup, Monsieur.

메흐씨   보꾸   므시외

대단히 고맙습니다
(직역하면 천번 고맙습니다).

Merci mille fois.

메흐씨   밀   후아

대단히 고맙습니다.

Je vous remercie beaucoup.

쥬 부   르메흐씨   보꾸

♣ 위의 표현에 대한 응수 표현

아무 것도 아니에요.

De rien.
드 리엥

아무 것도 아니에요.

Ce n'est rien.
스 네   리엥

천만에요.

Pas de quoi.
빠 드 꽈

천만에요.

Il n'y a pas de quoi.
일 니 아 빠 드 꽈

천만에요. (괜찮아요.)

Je vous en prie.
쥬 부   장 프리

기본회화

3. 자기소개

내 자신을 소개합니다.
 Je me présente.
 쥬 므   프래장뜨

나는 한국인(남자의 경우)입니다.
 Je suis coréen.
 쥬 쉬   꼬레엥

나는 한국인(여자의 경우)입니다.
 Je suis coréenne.
 쥬 쉬   꼬레엔

나는 한국에서 왔습니다.
 Je suis de Corée.
 쥬 쉬 드 꼬레

나의 이름은 민나옥입니다.
 Je m'appelle Naok Min.
 쥬 마뺄   나옥   민

나는 여행객입니다.

Je suis touriste.
쥬 쉬   뚜리스트

한국의 부산에서 삽니다.

J'habite à Pusan, Corée du sud.
쟈비트   아 부산   꼬레   뒤   쉬드

당신을 알게 되어 반갑습니다.

Enchanté de vous connaître.
앙샹떼   드 부   꼬네트르

당신을 만나게 되어 반갑습니다.

Heureux de vous rencontrer.
외뢰   드 부   랑꽁트레

나는 미라보 호텔에 머물고 있습니다.

Je reste à l'hôtel Mirabeau.
쥬 레스트   아 로뗄   미라보

나는 빠리에 3일간 머뭅니다.

Je reste trois jours à Paris.
쥬 레스트   트롸   쥬흐   아 빠리

나는 리용에 일주일 머뭅니다.

Je reste une semaine à Lyon.
쥬 레스트   윈   스멘   아 리용

기본회화

프랑스어(영어)를 약간 말합니다.

Je parle un peu français. (anglais)
_{쥬 빠흘 엥 쀠 후랑세 (앙글레)}

나는 결혼했습니다.

Je suis marié(e).
_{쥬 쉬 마리에}

나는 결혼하지 않았습니다.

Je ne suis pas marié.
_{쥬 느 쉬 빠 마리에}

나는 미혼입니다.

Je suis célibataire.
_{쥬 쉬 쎌리바테흐}

아이가 둘 있습니다.

J'ai deux enfants.
_{제 되 장팡}

아들 하나 딸 하나 있습니다.

J'ai un fils et une fille.
_{제 엥 휘스 에 윈 휘으}

나는 아이가 없습니다.

Je n'ai pas d'enfants.
_{쥬 네 빠 당팡}

기본회화

상대방에 대한 질문

영어를 할 줄 아십니까?

Vous parlez anglais?
부　　빠흘레　　앙글레

프랑스인(남자의 경우)입니까?

Vous êtes français?
부　　젯　　후랑세

프랑스인(여자의 경우)입니까?

Vous êtes française?
부　　젯　　후랑세즈

어느 나라 출신입니까?

Vous êtes de quel pays?
부　　젯　　드　　껠　　뻬이

당신은 어느 나라 출신입니까?

De quel pays êtes-vous?
드　껠　　뻬이　　엣-부

한국을 아십니까?

Vous connaissez la Corée?
부　　꼬네쎄　　라　꼬레

무엇(직업)을 하십니까?

Qu'est-ce que vous faites?
깨-스 끄 부 훼트

어디에 사십니까?

Où habitez-vous?
우 아빗떼-부

결혼하셨습니까?

Vous êtes marié(e)?
부 젯 마리에

아이가 몇 명입니까?

Combien d'enfants avez-vous?
꽁비엥 덩펑 아베-부

제 삼 자 소 개

나의 친구 김수미를 소개합니다.

Je vous présente mon amie Soumi KIM.
쥬 부 프레쟝뜨 몬 아미 수미 김

나의 아내를 소개합니다.

Je vous présente ma femme.
쥬 부 프레쟝뜨 마 팜

나의 남편을 소개합니다.
　Je vous présente mon mari.
　쥬 부　　프레장뜨　　몽　　마리

그는 기술자입니다.
　Il est ingénieur.
　일 레　뗑죄니외

그녀는 여기에서 학생입니다.
　Elle est étudiante ici.
　엘　레　떼뛰디앙트　이씨

그녀는 음악을 합니다.
　Elle fait la musique.
　엘　훼　라 뮈직

그녀는 노래를 잘합니다.
　Elle chante très bien.
　엘　상뜨　트레　비엥

그녀는 화가입니다.
　Elle est peintre.
　엘　에　뼁트르

그녀는 영화를 좋아합니다.
　Elle aime le cinéma.
　엘　엠　르 씨네마

기본 회화

그녀는 매우 친절합니다.

Elle est très gentille.
엘   레   트레   장띠으

그녀는 스물세살입니다.

Elle a vingt-trois ans.
엘   아 벵-트롸 장

그녀는 미혼입니다.

Elle n'est pas mariée.
엘   네   빠   마리에

그녀는 2년전부터 빠리에 살고 있습니다.

Elle habite à Paris depuis deux ans.
엘   아비트   아 빠리   드뷔   되   장

4. 상대방에게 말걸때

실례합니다.

Pardon.
빠흐동

실례합니다, 부인

Pardon, Madame.
빠흐동 마담

선생님.

Pardon, Monsieur.
빠흐동 므시외

실례합니다. (잠깐만요)

S'il vous plaît.
씰 부 쁠레

실례합니다(부인에게).

S'il vous plaît, Madame.
씰 부 쁠레 마담

실례합니다(남자에게).

S'il vous plaît, Monsieur.
씰 부   쁠레   므시외

죄송합니다.

Excusez-moi.
엑스뀌제-롸

기본회화

죄송합니다, 부인.

Excusez-moi, Madame.
엑스뀌제-롸   마담

죄송합니다, 선생님

Excusez-moi, Monsieur.
엑스뀌제-롸   므시외

☞ 위와 같은 표현으로 말을 건 다음에 상대방이 응해주면 말하고자 하는 내용을 이어서 하면 된다. 상대방이 위와 같은 표현을 썼을 때 대꾸해주는 표현은 다음과 같다.

무엇을 원하십니까?

Qu'est-ce que vous voulez?
께-스   끄 부   불레

무엇을 원하십니까?

Que voulez-vous?
끄   불레-부

무엇을 바라십니까?

Qu'est-ce que vous désirez?
께-스 끄 부 데지레

무엇을 바라십니까?

Que désirez-vous?
끄 데지레-부

무엇을 찾으십니까?

Qu'est-ce que vous cherchez?
께스 끄 부 쉐르쉐

도와드릴까요?

Je vous aide?
쥬 부 제드

5. 긍정과 부정의 대답

긍정의 대답

예.
Oui.
위

동의합니다.
D'accord.
다꺼

기꺼이 (그렇게 하겠습니다)
Volontiers.
볼롱티에

기꺼이 (그렇게 하겠습니다)
Avec plaisir.
아벡   쁠레지르

저는 좋습니다.
Je veux bien.
쥬 뵈 비엥

당신 말이 옳습니다.
Vous avez raison.
부 자베 레종

분명히 (그렇습니다).
Certes.
쎄르트

이해합니다.
Je comprends.
쥬 꽁프랑

알고 있습니다.
Je sais.
쥬 쎄

부정의 대답

아니오.
Non.
농

동의하지 않습니다.

Pas d'accord.

빠 다꺼

저는 동의하지 않습니다.

Je ne suis pas d'accord.

쥬 느 쉬 빠 다꺼

저는 원치 않습니다.

Je ne veux pas.

쥬 느 뵈 빠

당신이 틀렸습니다.

Vous avez tort.

부 자베 떠흐

이해되지 않습니다.

Je ne comprends pas.

쥬 느 꽁프랑 빠

모르겠습니다.

Je ne sais pas.

쥬 느 쎄 빠

6. 사과하기

죄송합니다.

Pardon.

빠르동

용서해 주세요.

Excusez-moi.

엑스뀌제-뫄

죄송합니다.

Je vous demande pardon.

쥬 부   드망드   빠르동

나를 용서해 주시기 바랍니다.

Je vous demande de m'excuser.

쥬 부   드망드   드   멕스뀌제

죄송합니다.

Je m'excuse.

쥬 멕스뀌즈

늦게 와서 죄송합니다.

Excusez-moi d'être en retard.
엑스뀌제-와   뎃트르 앙 르따르

당신을 방해해서 죄송합니다.

Excusez-moi de vous déranger.
엑스뀌제-와   드 부   데랑제

기본회화

♣ 위의 표현에 대한 응수로는

괜찮습니다.

Ce n'est pas grave.
스 네   빠 그라브

아무렇지도 않습니다.

Ce n'est rien.
스 네   리엥

천만에요.

De rien.
드 리엥

7. 질문하기

이것이 무엇입니까?
 Qu'est-ce que c'est?
 깨-스   끄 쎄

누구입니까?
 Qui est-ce?
 끼   에-스

언제입니까?
 C'est quand?
 쎄   깡

어디입니까?
 C'est où?
 쎄 우

왜 그렇습니까?
 C'est pourquoi?
 쎄   뿌흐꽈

어떻게 생겼습니까?

C'est comment?
쎄 꼬망

얼마입니까?

C'est combien?
쎄 꽁비엥

무슨 일이십니까?

Qu'est-ce qu'il y a?
께-스 낄 리 아

당신 직업이 무엇입니까?

Qu'est-ce que vous faites?
께-스 끄 부 훼뜨

당신의 이름은 무엇입니까?

Comment vous appelez-vous?
꼬망 부 자뻴레-부

그의 이름은 무엇입니까?

Commet s'appelle-t-il?
꼬망 씨뻴틸

그녀의 이름은 무엇입니까?

Comment s'appelle-t-elle?
꼬망 씨뻴뗄

당신 영어 할 줄 아십니까?

Vous parlez anglais?
부　　빠흘레　　앙글레

당신은 프랑스인입니까?

Vous êtes français?
부　　젯　　후랑세

당신은 프랑스 여자입니까?

Vous êtes française?
부　　젯　　후랑세즈

당신은 어느 나라 출신입니까?

Vous êtes de quel pays?
부　　젯　드　껠　　뻬이

당신은 한국을 아십니까?

Vous connaissez la Corée?
부　　꼬네쎄　　　라　꼬레

당신 나이는 얼마입니까?

Vous avez quel âge?
부　　자베　껠　　아쥐

너 몇살이니?

Tu as quel âge?
뛰 아　껠　　아쥐

화장실이 어디 있습니까?

Où sont les toilettes, s'il vous plaît?
우 쏭 레 똬레트 씰 부 쁠레

우체국이 어디 있습니까?

Où est la poste, s'il vous plaît?
우 에 라 뽀스트 씰 부 쁠레

기차역이 어디 있습니까?

Où est la gare, s'il vous plaît?
우 에 라 가르 씰 부 쁠레

약국이 어디 있습니까?

Où est la pharmacie?
우 에 라 파흐마씨

수퍼마켓이 어디 있죠?

Où est le supermarché?
우 에 르 쉬뻬흐마흐쉐

백화점이 어디 있죠?

Où est le grand magasin??
우 에 르 그랑 마가쟁

8. 축하(기원) 해주는 표현

축하합니다!

Félicitation!

휄리씨따씨옹

훌륭합니다!

Bravo!

브라보

생일 축하합니다!

Bon anniversaire!

본　아니베르세르

즐거운 새해가 되길!
Bonne année!
본　　아네

기쁜 성탄이 되길!
Joyeux Noël!
좌예　　노엘

즐거운 여행이 되길!
Bon voyage!
봉　봐아쥐

힘을 내세요!
Bon courage!
봉　꾸라쥐

맛있게 드세요!
Bon appétit!
본　아뻬띠

건배! (직역하면 "당신의 건강을 위하여")
A votre santé!
아 보트르　쌍떼

건배!
A la vôtre!
아 라 보트르

9. 요구할 때

물 좀 주세요.

De l'eau, s'il vous plaît.
드 로 씰 부 쁠레

생수 좀 주세요.

De l'eau minérale, s'il vous plaît.
드 로 미네랄 씰 부 쁠레

탄산가스 없는 물 주세요.

De l'eau non gazeuse, s'il vous plaît.
드 로 농 가죄즈 씰 부 쁠레

빵 좀 주세요.

Du pain, s'il vous plaît.
뒤 뼁 씰 부 쁠레

맥주 좀 주세요.

De la bière, s'il vous plaît.
드 라 비에르 씰 부 쁠레

커피 한잔 주세요.

Un café, s'il vous plaît.
엥 까페 씰 부 쁠레

과일 주스 하나 주세요.

Un jus de fruit, s'il vous plaît.
엥 쥐 드 후뤼 씰 부 쁠레

오렌지 주스 하나 주세요.

Un jus d'orange, s'il vous plaît.
엥 쥐 도랑쥐 씰 부 쁠레

메뉴판 좀 주세요.

La carte, s'il vous plaît.
라 까르트 씰 부 쁠레

계산서 좀 주세요.

L'addition, s'il vous plaît.
라디시옹 씰 부 쁠레

(지하철표 열장짜리) 한 묶음 주세요.

Un carnet, s'il vous plaît.
엥 까르네 씰 부 쁠레

지하철표 한 장 주세요.

Un ticket, s'il vous plaît.
엥 띠께 씰 부 쁠레

기차표(또는 비행기표) 한 장 주세요.

Un billet, s'il vous plaît.

엥 비예 씰 부 쁠레

얼마입니까?

C'est combien?

쎄 꽁비엥

이것 값이 얼마입니까?

Ça coûte combien?

싸 꾸뜨 꽁비엥

제가 얼마를 지불해야죠?

Je vous dois combien?

쥬 부 돠 꽁비엥

기본회화

프랑스 성

10. 시간

숫자

1 : **un** 엥　　　　　　2 : **deux** 되　　3 : **trois** 트롸

4 : **quatre** 까트르　　　5 : **cinq** 쎙크

6 : **six** 씨스　　　　　7 : **sept** 쎄뜨　　8 : **huit** 위뜨

9 : **neuf** 네프　　　　10 : **dix** 디스

11 : **onze** 옹즈　　　　12 : **doudze** 두즈

13 : **treize** 트레즈　　 14 : **quatorze** 까토즈

15 : **quinze** 껭즈　　　16 : **seize** 쎄즈

17 : **dix-sept** 디쎄트　 18 : **dix-huit** 디휫트

19 : **dix-neuf** 디즈 네프 20 : **vingt** 벵

21 : **vingt et un** 벵때엥 22 : **vingt-deux** 벵 되

29 : **vingt-neuf** 벵 뇌프 30 : **trente** 트랑뜨

40 : **quarante** 까랑뜨　 50 : **cinquante** 쎙깡뜨

100 : **cent** 쌍　　　　　200 : **deux cents** 되 쌍

1 000 : **mille** 밀   10 000 : **dix mille** 디 밀

100 000 : **cent mille** 쌍 밀

1 000 000 : **un million** 엥 밀리옹

2001(년도) : **deux mille un** 되 밀 엥

요 일

월요일	**lundi**	렝디
화요일	**mardi**	마흐디
수요일	**mercredi**	메르크르디
목요일	**jeudi**	죄디
금요일	**vendredi**	방드르디
토요일	**samedi**	쌈디
일요일	**dimanche**	디망쉬
주	**la semaine**	라 스멘
이번 주	**cette semaine**	쎄뜨 스멘
다음 주	**la semaine prochaine**	라 스멘 프로셴
지난 주	**la semaine dernière**	라 스멘 데르니에

달

1월	**janvier**	장비에
2월	**février**	페브리에
3월	**mars**	마흐스
4월	**avril**	아브릴
5월	**mai**	메
6월	**juin**	쥐엥
7월	**juillet**	쥐예
8월	**août**	우(또는 웃)
9월	**septembre**	쎄땅브르
10월	**octobre**	옥토브르
11월	**novembre**	노방브르
12월	**décembre**	데쌍브르
달	**le mois**	르 와
이번 달	**ce mois**	스 와
다음 달	**le mois prochain**	르 와 프로셍
지난 달	**le mois dernier**	르 와 데르니에

날짜

1월 1일	**le 1er janvier**	르 프르미에 장비에
6월 2일	**le 2 juin**	르 되 쥐엥
7월 14일	**le 14 juillet**	르 까토흐즈 쥐예
12월 31일	**le 31 décembre**	르 트랑떼 엥 데쌍브르

기본회화

계절

계절	**la saison**	라 쎄종
봄	**le printemps**	르 프렝땅
여름	**l'été**	레떼
가을	**l'automne**	로똔
겨울	**l'hiver**	리베흐

봄에	**au printemps**	오 프렝땅
여름에	**en été**	안 에떼
가을에	**en automne**	안 오똔
겨울에	**en hiver**	안 이베흐

금년	**cette année**	쎄뜨 안네

작년	**l'année dernière**	난네 데흐니에
내년	**l'année prochaine**	난네 프로쉔
3년전	**il y a trois ans**	일 리 아 트롸 장
3년 후	**dans trois ans**	당 트롸 장

시간

시	**l' heure**	뢰흐
분	**la minute**	라 미뉘뜨
초	**la seconde**	라 스공드
9시 반	**neuf heures et demie**	뇌 뵈르 에 드미
2시 20분	**deux heures vingt**	되 죄르 벵

아침	**le matin**	르 마땡
오후	**l' après-midi**	라프레미디
저녁	**le soir**	르 솨흐
밤	**la nuit**	라 뉘
정오	**le midi**	르 미디
자정	**la minuit**	라 미뉘

오늘 아침	**ce matin**	스 마땡

오늘 오후	cet après-midi	쎄 따프레미디
오늘 저녁	ce soir	스 쇠흐
오늘 밤	cette nuit	쎄뜨 뉘
하루 종일	toute la journée	뚜뜨라 주흐네
밤새도록	toute la nuit	뚜뜨라 뉘

가족

나의 아버지	mon père	몽 뻬흐
나의 어머니	ma mère	마 메흐
나의 부모님	mes parents	메 빠항
나의 형제(형, 동생)	mon frère	몽 프레르
나의 자매(언니, 누이)	ma soeur	마 쇠흐
나의 조부모님	mes grands-parents	메 그랑 빠항
나의 아들	mon fils	몽 휘스
나의 딸	ma fille	마 휘이으
나의 남편	mon mari	몽 마리
내 처	ma femme	마 팜
장인	mon beau-père	몽 보 뻬흐
장모	ma belle-mère	마 벨 메흐
사촌(남자)	mon cousin	몽 꾸젱
사촌(여자)	ma cousine	마 꾸진

회화

1. 출국에서 도착까지

알아두기

비행기를 타고 외국으로 나가기 위해서는 일정한 수속을 거치는데 이를 출국 수속이라 한다.

출국 수속을 몰라 비행기를 타지 못하는 사람은 없을 것이다. 그러나 처음 비행기를 타고 해외로 나가는 사람은 긴장되고 흥분되어 있는 경우가 있는데 차분한 분위기에서 절차를 거치는 것이 바람직하다. 흥분된 상태에서 절차를 거치다 보면 여권은 어디 두었는지 비행기표는 어디 두었는지 이리 찾고 저리 찾는 경우가 있다.

출국 순서는 대략 다음과 같다.

1) 탑승 수속 : 여권과 비행기표를 갖고 해당 항공사 데스크에서 휴대품을 제외한 물품을 탁송하고 물품 탁송표와 비행기 탑승권을 받는다. 좌석은 본인이 원하는 장소(통로쪽, 창문쪽)를 요구할 수 있다. 탑승 수속이 끝나면 출국장으로 가게 되는데 그 이전에 공항세를 납부해야 한다. 또한 출입국 카드를 작성하여 출국 심사시에 제시한다.

2) 세관 신고 : 귀중품이나 고가품은 세관에 신고하여 "휴대품 반출 확인서"를 받아 물품을 다

시 갖고 입국할 때에 세금을 부과받지 않도록 한다.

3) 출국 심사 : 여권, 비행기 탑승권, 출입국 카드를 제시하여 출국 스탬프를 찍은 다음 입국카드와 탑승권은 다시 돌려 받는다.

4) 탑승 대기 : 출국 심사장을 거쳐 나오면 면세 구역에 들어가게 되는데 면세점을 이용하여 물건을 살 수 있고 공중 전화를 이용하여 국내 가족에게 전화를 걸 수도 있다. 비행기 출발 30분 전까지 탑승구 앞에서 대기한다.

5) 기내에서 : 자신의 지정된 좌석에 앉으며 휴대품을 선반이나 의자 밑에 놓을 수 있다. 기내에서는 한국어를 할 줄 아는 승무원이 탑승하므로 언어 소통에는 문제가 없다. 식사, 음료, 간단한 주류가 무료로 제공된다. 기내에서도 면세 제품을 구입할 수 있다.

기내에서 쓸(들을) 수 있는 표현

내 좌석이 어디죠?

Où est ma place?
우 에 마 쁠라스

여보세요, 물 좀 가져다 주세요.

S'il vous plaît, je voudrais de l'eau.
씰 부 쁠래 쥬 부드레 드 로

오렌지 주스를 원합니다.

Je voudrais un jus d'orange.
쥬 부드레 엥 쥐 도랑쥐

포도주 좀 주십시오.

Je voudrais du vin.
쥬 부드레 뒤 벵

샴페인 좀 주십시오.

Je voudrais du champagne.
쥬 부드레 뒤 샴파니으

> 1등석 : la place de première classe
> 라 쁠라스 드 프르미에 쁠라스
>
> 2등석 : la place de classe économique
> 라 쁠라스 드 끌라스 에꼬노믹

> 좌석 번호 : le numéro de place
> 르 뉴메로   드 쁠라스
>
> 창측 좌석 : la place du côté fenêtre
> 라 쁠라스   뒤 꼬떼 프네트르
>
> 통로측 좌석 : la place du côté couloir
> 라 쁠라스   뒤 꼬떼 꿀롸흐

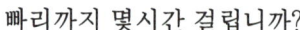

빠리까지 몇시간 걸립니까?

Combien de temps met-on jusqu'à Paris?

꽁비엥   드 떵   메-똥   쥐스카 빠리

대략 12시간 걸립니다.

On met environ douze heures.

옹 메 앙비롱 두즈 에흐

비행기가 곧 이륙합니다.

L'avion va décoller.

라비옹 바 데꼴레

당신의 안전벨트를 매십시오.

Veuillez attacher votre ceinture de sécurité.

뵈이에   아따쉐   보트르   쎙뛰르 드 쎄뀌리떼 몇 시에 빠리에 도착합니까?

A quelle heure arrive-t-on à Paris?
아 껠 외흐 아리브-똥 아 빠리

비행기가 곧 착륙합니다.

L'avion va atterrir.
라비옹 바 아떼리흐

> 스튜어디스 : l'hôtesse de l'air 로떼스 드 레흐
> 기장 : le commandant de bord 르 꼬망당 드 버흐
> 비상 출구 : la sortie de secours 라 쏘흐띠 드 스꾸흐
> 선반 : le coffre 르 꼬프르

흡연석이 있습니까?

Y a-t-il des places fumeurs?
이 아-띨 데 쁠라스 퓌머흐

나는 비흡연석을 원합니다.

Je veux une place non-fumeur.
쥬 뵈 윈 쁠라스 농-퓌머흐

담배를 피워도 됩니까?

Est-ce que je peux fumer?
에-스 끄 쥬 뾔 휘메

아니오, 금지되어 있습니다.

Non, c'est interdit.
농   쎄   뗑떼르디

좌석을 바꾸어도 됩니까?

Est-ce que je peux changer de place?
에-스   끄   쥬 쁘   샹졔   드 쁠라스

네, 좌석을 바꾸어도 됩니다.

Oui, vous pouvez changer de place.
위이 부   뿌베   샹졔   드 쁠라스

금연석 : la place non-fumeur 라 쁠라스 농 휘머흐

흡연석 : la place fumeur 라 쁠라스 휘머흐

담배 : la cigarette 라 씨가레트

담배 피우다 : fumer 휘메

비행 중에 영화를 보여줍니까?

On donne un film pendant le vol?
옹   돈 엥   휠므   빵당   르 볼

어떤 영화를 보여줍니까?

Quel film donne-t-on?
껠   휠므   돈느똥

출국에서 도착까지

화장실이 어디에 있습니까?

Où sont les toilettes?
우 쏭 레 똬레드

머리가 아픕니다.

J'ai mal à la tête.
제 말 아 라 떼뜨

배가 아픕니다.

J'ai mal à l'estomac.
제 말 아 레스토마

비행기 멀미를 합니다.

J'ai le mal de l'air.
제 르 말 드 레흐

약이 있습니까?

Avez-vous un médicament?
아베-부 엥 메디까망

의사를 불러 주세요.

Appelez-moi un médecin.
아쁠레-똬 엥 메드쎙

두통 : le mal de tête 르 말 드 떼뜨

복통 : le mal de l'estomac 르 말 드 레스토마

약 : le médicament 르 메디까망

의사 : le médecin 르 메드쎙

도착해서

 알아두기

입국 : 프랑스의 입국 절차는 간단히 이루어진다. 짐을 찾으면 곧장 입국장을 향해 나가며 혹시 신고할 물품이 있을 경우에는 신고를 한다. 세관원이 물건을 조사하겠다고 가방을 열어 보라고 요구할 때에는 이에 응한다.

출국에서 도착까지

당신의 여권을 보여 주십시오.

Votre passeport.

보트르   빠스뻐흐

내 여권 여기 있습니다.

Voilà mon passeport.
부알라 몽 빠스뻐흐

신고할 것이 있습니까?

Vous avez quelque chose à déclarer?
부 자베 껠 쇼즈 아 데끌라레

아니오, 신고할 것이 아무 것도 없습니다.

Non, je n'ai rien à déclarer.
농 쥬 네 리엥 아 데끌라레

친구에게 줄 선물입니다.

C'est un cadeau pour mon ami.
쎄 뗑 까도 뿌르 몬 아미

선물들입니다.

Ce sont des cadeaux.
스 송 데 까도

먹을 것들입니다.

Ce sont des choses à manger.
스 쏭 데 쇼즈 아 망제

세관 : la douane 라 두안
세관원 : le douanier 르 두아니에
공항 : l'aéroport 라에로뽀흐

> 샤를르 드골 공항 :
>
> l'aéroport de Charles de Gaulle
> 라에로포흐   드 샤를르   드 골
>
> 오를리 공항 : l'aéroport d'Orly
> 라에로포흐   도흘리

출국에서 도착까지

프랑스에 왜 오십니까?

Pourquoi venez-vous en France?
뿌르꽈   브네-부   앙 후랑스

나는 여행자입니다.

Je suis touriste.
쥬 쒸   뚜리스트

나는 연수생입니다.

Je suis stagiaire.
쥬 쒸   스타지에흐

공부를 하려고 합니다.

Je veux faire des études.
쥬 뵈   훼르   데   제뛰드

프랑스어를 배우려고 합니다.

Je veux apprendre le français.
쥬 뵈   자프랑드르   르 후랑세

나는 국제 회의에 참석합니다.

Je participe à une réunion internationale.

쥬 빠흐띠십   아 윈 레위니옹   엥떼흐니씨오날

> 여행자 : un touriste 엥 뚜리스트
>
> 연수자 : un stagiaire 엥 스타지에흐
>
> 사업가 : un homme d'affaires 엥 옴 다풰흐
>
> 학생 : un étudiant (une étudiante)
> 엥 에뛰디앙 (윈 에뛰디앙뜨)
>
> 국제회의 : une réunion internationale
> 윈   레위니옹   엥떼흐니시오날
>
> 운동 경기 : un match de sports
> 엥   마취   드 스퍼흐

프랑스에 얼마나 머무십니까?

Combien de temps restez-vous en France?

꽁비엥   드 땅   레스테-부 앙 후랑스

한 달간 머뭅니다.

Je reste un mois.

쥬 레스트 엥 뫄

1주일 머뭅니다.

Je reste une semaine.
슈 레스트 윈 스멘

3일 머뭅니다.

Je reste trois jours.
슈 레스트 트롸 주흐

공항에서 짐을 찾지 못했을 때

 알아두기

우선 공항 관계자에게 신고하라.

죄송합니다만, 나의 짐을 찾지 못했습니다.

Pardon, je ne trouve pas mes bagages.
빠흐동 쥬 느 트루브 빠 메 바가쥐

트렁크 하나를 찾지 못했습니다.

Je n'ai pas récupéré une valise.
쥬 네 빠 레뀌뻬레 윈 발리즈

어디에 신고해야 합니까?

Où dois-je déclarer?
우 돠-쥬 데끌라레

어떻게 해야 하지요?

Que dois-je faire?

끄 돠-쥬 훼흐

> 짐 : un bagage 앵 바가쥐
> 핸드백 : un sac 앵 싹
> 트렁크 : une valise 윈 발리즈
> 신고하다 : déclarer 데끌라레

환전

죄송합니다만 환전소를 찾는데요.

Pardon, je cherche le bureau de change.

빠흐동 쥬 쉐르쉬 르 뷔로 드 샹쥐

환전소가 어디 있습니까?

Où est le bureau de change?

우 에 르 뷔로 드 샹쥐

돈을 바꾸고 싶은데요.

Je voudrais changer de l'argent.

쥬 부드레 샹제 드 라흐장

100 유로 지폐를 주십시오.

Je voudrais des billets de cent euros.
쥬 부드레   데 비에   드 쌍   외로

잔돈을 주십시오.

Je voudrais de la monnaie.
쥬 부드레   드 라 모네

출국에서 도착까지

여행자 수표를 바꾸고 싶은데요.

Je voudrais changer des chèques de voyage.
쥬 부드레   샹제   데 쉑 드 봐아쥐

달러 환율이 얼마입니까?

C'est combien, le cours du dollar?
쎄 꽁비엥   르 꾸흐 뒤 돌라

환전소 : le bureau de change 르 뷔로 드 샹쥐
은행 : la banque 라 방끄
돈 : de l'argent 드 라흐장
지폐 : des billets 데 비에
동전 : des pièces 데 삐에스
잔돈 : la monnaie 라 모네
여행자 수표 : des chèques de voyage
         데 쉑   드 봐아쥐

2. 교통

알아두기

　빠리의 공항은 두 군데(샤를르 드골 공항과 오를리 공항)가 있는데 한국에서 가는 비행기는 빠리 북쪽으로 30Km 정도에 위치한 샤를르 드골 공항에 도착한다. 샤를르 드골 공항도 1공항과 2공항이 있는데 대한항공은 2공항을 이용한다. 공항에서 빠리 시내로 들어갈 수 있는 방법은 여러 가지가 있는데 택시, 버스, 기차를 이용하든가 승용차를 이용하는 것이다. 공항에서 빠리 시내를 왕복하는 헬기를 이용할 수도 있다. 택시는 택시 정류장에서 대기했다가 대기 손님의 순서에 따라 타면 된다. 목적지를 정확하게 알려주면 가장 빠른 코스를 택해 데려다 준다. 버스(l'autocar d'Air France)를 타는 위치도 정해져 있으며 안내판에 표시되어 있다. 잘 모르겠으면 공항 관계자에게 물어 보면 알 수 있다. 버스는 빠리시의 서쪽에 위치한 Porte de Maillot(뽀흐뜨 드 마이오)에 도착하며 그곳에서 하차하여 다시 지하철이나 다른 교통 수단을 이용하여 목적지까지 갈 수 있다. 기차는 빠리 외곽을 연결하는 RER(Réseau Express Régional)가 공항에서 출발하는데 공항에서 기차역까지 운행하는 무료 순환버스가 있다. 빠리 시내까지 가는 표를 사서 기차를 타면 빠리 시내에서 곧장 지하철로 갈아 타고 목적지까지 갈 수 있다. 빠리 시내에서는 지하철이 잘 되어 있어 웬만한 지역은 지하철로 갈 수 있다.

빠리 시내의 대중 교통 수단으로 지하철과 버스가 있으며 지하철에서는 표 한 장으로 목적지까지 갈 수 있는데 버스의 경우에는 일정 거리까지는 표 한 장으로 되나 일정 거리 이상을 갈 때에는 두장 또는 그 이상의 표를 사용해야 한다. 지하철역에서 산 표를 버스에서도 그대로 사용할 수 있다. 지하철표의 개찰은 한국에서와 마찬가지이지만 지하철에서 나올 때 지하철표가 다시 나오게 되는데 이 표를 수거하여 휴지통에 버리고 나가면 된다. 지하철과 버스 안에서 가끔 개찰 요원이 표를 조사하는 경우가 있는데 이 때 표를 갖고 있지 않으면 벌금을 물게 된다.

교통

지하철표는 여러 가지 종류가 있다. 하루권이 있어 하루종일 원하는 만큼 지하철과 버스를 갈아탈 수 있다. 금액상으로 볼 때 지하철을 여섯 번 이상 탄다고 가정하면 하루권을 사는 것이 유리하다. 이틀권도 있고 일주일권, 또는 한달권 등 정기권이 있으며 이 표를 사게 되면 빠리 시내의 지하철과 버스를 무제한으로 탈 수 있다. 그렇지 않으면 Un carnet(엥 까르네)를 사라. Un carnet는 10장 묶음을 말하는데 가격상으로 낱장을 사는 것보다 훨씬 경제적이다.

공항에서 시내로

빠리로 가려고 하는데요.
  Je voudrais aller à Paris.
  쥬 부드레   알레 아 빠리

택시 정류장은 어디 있습니까?
  Où est la station de taxi?
  우 에 라 스타씨옹 드 딱시

버스 정류장은 어디 있습니까?
  Où est l'arrêt de bus?
  우 에 라레   드 뷔스

기차역은 어디 있습니까?
  Où est la gare?
  우 에 라 가흐

버스는 어디에서 탑니까?
  Où est-ce qu'on prend l'autocar?
  우 에-스 꽁   프랑   로토까흐

기차는 어디에서 탑니까?
  Où est-ce qu'on prend le train?
  우 에-스 꽁   프랑   르 트렝

교통

빠리까지의 표 한 장 주십시오.

Un ticket pour Paris, s'il vous plaît.

엥   띠께   뿌흐   빠리   씰   부   쁠레

걸어서 가다 : aller à pied 알레 아 삐에

자동차로 가다 : aller en voiture 알레 앙 봐뛰르

기차를 타다 : prendre le train 프랑드르 르 트렝

버스를 타다 : prendre le bus 프랑드르 르 뷔스

교통

빠리에 있는 꽁꼬르드 호텔로 가는데요.
(택시 운전수에게 할 수있는 말)

Je voudrais aller à l'Hôtel Concorde à Paris, s'il vous plaît.

쥬 부드레   알레   아 로뗄 꽁꼬르드 아 빠리 씰부쁠레

이 주소로 가고 싶은데요.
(운전수에게 주소를 보여주면서)

Je voudrais aller à cette adresse.

쥬 부드레   알레   아 쎄뜨   아드레스

이 주소에 내려 주세요.

Déposez-moi à cette adresse, s'il vous plaît.

데뽀제-뫄   아 쎄뜨 아드레스   씰 부 쁠레

지하철 타기

교통

지하철 표 10장 묶음 주세요.

Un carnet, s'il vous plaît.
엥 까르네 씰 부 쁠레

지하철 노선표 하나 주세요.

Un plan de métro, s'il vous plaît.
엥 쁠랑 드 메트로 씰 부 쁠레

빠리 시내 지도 하나 주세요.

Un plan de Paris, s'il vous plaît.
엥 쁠랑 드 빠리 씰 부 쁠레

에펠탑에 가고자 하는데요.

Je voudrais aller à la Tour Eiffel.
쥬 부드레 알레 아 라 뚜르 에펠

어디에서 내려야 합니까?

Où dois-je descendre?
우 되-즈 데썽드르

지하철을 갈아타야 합니까?

Je dois changer de métro?
쥬 되 샹제 드 메트로

어디에서 지하철을 갈아타야 합니까?

Où dois-je changer de métro?
우 되-쥬 샹제 드 메트로

> 지하철 : le métro 르 메트로
> 출구 : la sortie 라 소흐띠
> 입구 : l'entrée 랑트레
> 환승역 : la correspondance 라 꼬레스퐁당스

 문화 엿보기

빠리의 지하철역은 M으로 표시되어 있다. 승강장에서 지하철을 탈 때에 지하철 문이 저절로 열리지 않는다. 출입문에 부착된 버튼을 눌러야 열린다. 최근에 설치된 지하철 14호선은 운전기사가 없이 운행되는데 이 지하철은 문이 저절로 열리고 닫힌다. 버스에서도 내려야 할 정거장에 도착하기 전에 버스에 설치된 버튼을 눌러 다음 정거장에서 내린다는 신호를 운전기사에게 보내야 한다.

교통

(지나는 행인에게) 버스 정류장을 찾는데요.

L'arrêt de l'autobus, s'il vous plaît.
라레   드 로토뷔스   씰 부   쁠레

루브르 박물관에 가고자 하는데요.

Je voudrais aller au musée du Louvre.
쥬 부드레   알레 오 뮈제   뒤 루브르

어떤 버스를 타야 하는지요?

Je dois prendre quel autobus?
쥬 돠   프랑드르   껠   오토뷔스

어디에서 내려야 하는지요?

Où dois-je descendre?
우   돠-쥬   데썽드르

교통

오페라까지 표 몇장을 써야 합니까?

Combien de tickets pour aller á l'Opéra?
꽁비엥   드 띠께   뿌흐   알레 아 로뻬라

마들렌까지 몇 정거장입니까?

Il y a combien d'arrêts jusqu'à la Madeleine?
일 리 아   꽁비엥   다레   쥐스까 라 마들렌

(운전기사에게) 문 좀 열어주세요.

La porte, s'il vous plaît.
라 뽀흐뜨   씰 부   쁠레

시내 버스 : l'autobus 로또뷔스
시외 버스 : l'autocar 로또까흐
일방 통행 : le sens unique 르 썽스 유닉
추월 금지 : ne pas dépasser 느 빠 데빠쎄

기차 타기

알아두기

빠리 시내에는 여러 기차역이 있다. 북역(Gare du Nord), 동역(Gare de l'Est), 리용역(Gare de Lyon), 오스테를리츠역(Gare d'Austerlitz), 몽빠르나스역(Gare Montparnasse), 나자르역(Gare St. Nazare) 등이 있는데 목적지에 따라 기차역이 달라진다. 기차표를 살 때에는 일등칸인지 이등칸인지, 흡연석인지 비흡연석인지, 편도인지 왕복인지를 말한다.

교통

TGV

리용가는 기차표 한 장 주세요.

Je voudrais un billet pour Lyon, s'il vous plaît.

쥬 부드레 엥 비예 뿌흐 리용 씰 부 쁠레

몇 시 것으로요?

A quelle heure?

아 껠 뢰흐

출발이 11시 반 걸로요.

A onze heures et demie pour le départ.

아 옹즈 외흐 에 드미 뿌흐 르 데빠

편도 아니면 왕복으로?

Un aller simple ou aller-retour?

엥 알레 쌩쁠 우 알레-르뚜흐

왕복표로 주세요.

Un aller-retour.

엥 알레-르뚜흐

흡연석 아니면 비흡연석?

Fumeur ou non fumeur?

휘머흐 우 농 휘머흐

비흡연석으로요.

Non fumeur.
농   휘머흐

일등석 아니면 이등석?

Première ou deuxième classe?
프르미에   우   되지엠   끌라스

이등석으로 주세요.

Deuxième classe, s'il vous plaît.
되지엠   끌라스   씰 부   쁠레

리용행 테제베 네 좌석을 예약하려는데요.

Je voudrais réserver quatre places pour le TGV de Lyon.
쥬 부드레   레제흐베   까트르   쁠라스
뿌흐 르 떼제베 드 리용

언제 날짜로요?

Pour quelle date?
뿌흐 껠   닷뜨

7월 21일 10시경에요.

Pour le 21 juillet, vers 10 heures.
뿌흐 르 벵떼엥 쥐이에 베흐 디 죄흐

> 출발 : le départ 르데빠
> 도착 : l'arrivée 라리베
> 승강장 : le quai 르께
> 열차 시간표 : le tableau des horaires
>   르 따블로   데   조회흐
>
> 검표원 : le contôleur 르 꽁트롤뢰
> 개찰 기계 : le composteur 르 꽁포스퇴흐

교통

기차는 리용에 몇시에 도착합니까?

Le train arrive à Lyon à quelle heure?
르 트렝 아리브 아 리용 아 껠 뢰흐

오후 1시 반에 도착합니다.

Le train arrive à une heure et demie de l'après-midi.
르 트렝 아리브 아 윈 외흐 에 드미
드 라프레-미디

(검표원이) 당신의 기차표 좀 보여주세요.

Votre billet, s'il vous plaît.
보트르 비예 씰 부 쁠레

여기 있습니다.

Le voilà.
르 뷜라

(기차에) 식당 칸이 있습니까?

Est-ce qu'il y a un wagon-restaurant?
에-스   낄리 아   엥   바공-레스또랑

표를 개찰해야 합니다.

Il faut composter le billet.
일 포   꽁포스떼   르 비예

이것은 유효한 표이다.

C'est un billet validé.
쎄   엥   비예   발리데

교통

리용행 기차 : le train pour Lyon 르 트렝 뿌흐 리용

리용발 기차 : le train de Lyon 르 트렝 드 리용

직행 열차 : le train express 르 트렝 엑스프레스

침대칸 : le wagon-lit 르 바공리

문화 엿보기

떼제베를 타려면 필수적으로 예약을 하여야 하며, 기차의 출발 날짜에 따라 할인 요금이 주어진다. 기차용 달력을 보면 날짜에 따라 파랑, 하양, 빨강의 세가지 색으로 표시되어 있는 것을 볼 수 있다. 파랑 날짜에 출발하면 최고 50%까지의 할인이 가능하며 하양 날짜에서도 일부 할인 혜택을 받을 수 있으나 빨강 날짜에서는 할인 혜택을 받을 수 없다. 나이가 만 26세 미만의 학생일 경우 이를 증명해 보이면 할인 혜택을 받을 수 있다. 또 10명 이상 단체인 경우에도 할인 혜택을 받을 수 있으나 할인 혜택이 중복되는 경우 가장 유리한 한가지만 선택할 수 있다.

택시 타기

(호텔에서) 저에게 택시 한 대 불러주시겠어요?

Pourriez-vous m'appeler un taxi?
뿌리에-부   마쁠레   엥 딱씨

택시 정류장이 어디 있습니까?

Où est la station de taxi?
우 에 라 스따시옹 드 딱씨

어디 가십니까?

Où allez-vous?
우 알레-부

프렝땅 백화점으로 갑시다.

Au grand magasin Printemps, s'il vous plaît.
오 그랑 마가젱 프렝땅 씰 부 쁠레

이 주소로 갑시다.

A cette adresse, s'il vous plaît.
아 쎄뜨 아드레스 씰 부 쁠레

잠깐만 기다려 주세요.

Attendez un moment, s'il vous plaît.
아땅데 엥 모망 씰 부 쁠레

얼마입니까?

C'est combien?
쎄   꽁비엥

잔돈은 가지세요.

Gardez la monnaie.
가르데   라 모네

교통

> 운전수 : le chauffeur 르 쇼퍼흐
>
> 방향 : la direction 라 디렉시옹
>
> 주소 : l'adresse 라드레스
>
> 왼쪽 : à gauche 아 고쉬
>
> 오른쪽 : à droite 아 드르뜨

 문화 엿보기

택시를 탈 때 운전수 옆의 좌석에는 손님을 앉히지 않는다. 어떤 택시 운전수는 그 자리에 자기의 개를 데리고 다니기도 한다. 부득이 네사람이어서 그 자리에 앉아야 할 경우에는 추가 요금을 지불해야 한다. 짐이 있어 뒷 트렁크에 실을 경우에도 추가 요금을 요구한다.

자동차 대여

자동차 한 대를 대여하고 싶은데요.

Je voudrais louer une voiture, s'il vous plaît.

쥬 부드레   루에   윈 봐뛰르   씰 부 쁠레

크레디트 카드 갖고 계세요?

Vous avez la carte de crédit?

부   자베   라 까흐뜨 드 크레디

물론입니다.

Bien sûr.

비엥   쉬흐

어떤 자동차를 원하십니까?

Quelle voiture voulez-vous?

껠   봐뛰르   불레-부

중간 크기의 자동차를 원합니다.

Je veux une voiture de taille moyenne.
쥬 뵈 윈 봐뛰르 드 따이으 뫄엔

며칠 사용하실 겁니까?

Pour combien de jours?
뿌흐 꽁비엥 드 주흐

나흘간 사용할 겁니다.

Pour quatre jours.
뿌흐 까트르 주흐

하루에 얼마입니까?

C'est combien par jour?
쎄 꽁비엥 빠흐 주흐

차를 로마에서 반납해도 됩니까?

Est-ce que je peux rendre la voiture à Rome?
에-스 끄 쥬 뾔 랑드르 라 봐뛰르 아 롬

자동차가 고장입니다.

La voiture est en panne.
라 봐뛰르 에 땅 빤느

자동차가 잘 안나갑니다.

La voiture ne marche pas bien.
라 봐뛰르 느 마흐쉬 빠 비엥

교통

보험이 포함되어 있나요?

L'assurance est comprise?
라쉬랑스   에   꽁프리즈

자동차 대여 : la location de voiture
라 로까시옹   드 뵈뛰흐

> 시간당 : par heure   빠흐 외르
> 하루당 : par jour   빠흐 주르
> 킬로미터당 : par kilomètre   빠흐 낄로메트르
> 보험 : l'assurance   라쉬랑스

길거리에서

카페

샹제리제 거리

현재 제가 어디에 있지요?

　Où suis-je maintenant?
　우　쒸-쥬　　멩뜨낭

에펠탑으로 가고 싶은데요.

　S'il vous plaît, je voudrais aller à la Tour Eiffel.
　씰　부　　쁠레　　쥬 부드레　　알레 아 라 뚜르 에펠

교통

죄송하지만 르꾸르브 도로를 찾는데요.

　Pardon, je cherche la rue Lecourbe.
　빠흐동　　쥬 쉐흐쉬　　라 뤼　　르꾸흐브

아주머니, 우체국을 찾는데요.

　Excusez-moi, Madame. Je cherche la poste.
　엑스뀌제-똬　　　　미담　　쥬 쉐흐쉬 라 뽀스뜨

여기에서 멉니까?

　C'est loin d'ici?
　쎄　　루엥　디씨

오페라에 가려면 어느 길을 가야 합니까?

　Quel chemin dois-je prendre pour aller à l'Opéra?
　껠　슈멩　　돠-쥬 프랑드르　뿌흐 알레　아 로페라

소르본까지 시간이 얼마 걸립니까?

Combien de temps met-on jusqu'à la Sorbonne?

꽁비엥 드 땅 메-똥 쥐스까 라 쏘흐본

그곳에 걸어서 갈 수 있나요?

On peut y aller à pied?

옹 뻬 이 알레 아 삐에

교통

> 개선문 : l'Arc de Triomphe
> 라흐끄 드 트리옹프
>
> 꽁꼬르드 광장 : la place de la Concorde
> 라 쁠라스 드 라 꽁꼬흐드
>
> 룩셈부르그 공원 : le jardin de Luxembourg
> 르 자흐뎅 드 휙썽부흐
>
> 국립도서관 : la bibliothèque nationale
> 라 비블리오뜨끄 나시오날

3. 호텔 숙박

알아두기

 프랑스의 호텔 시설은 깨끗하게 잘 되어 있다. 호텔의 등급은 별로 표시되어 있는데 등급에 따라 가격이 달라지며 똑같은 등급의 호텔이라 하더라도 위치와 시설에 따라 가격이 달라진다. 저렴하고 괜찮은 호텔을 원하는 경우 별 2개 또는 3개 짜리 호텔을 권장한다. 별 1개 짜리는 거의 없으며 있어도 관광객이 묵기에는 좋지 않은 호텔이다. 별이 4개이상인 호텔은 고급 호텔로 가격이 비싸다.

 호텔을 미리 예약했을 경우에는 오후 7시 이전에 호텔에 도착해야 한다. 연락이 없이 7시까지 도착하지 않을 경우 주인은 예약을 취소하고 다른 사람에게 방을 줄 수 있다.

 호텔 숙박비에 관해서는 호텔의 바깥과 방안에 가격이 게시되어 있으며 아침 식사를 호텔에서 할 경우 식사비를 추가로 지불해야 한다. 아침 식사는 의무적이 아니기 때문에 체크인할 때 대개는 주인이 여부를 묻는다. 아침 식사에 관해 언급이 없을 경우에는 본인이 아침식사가 호텔 숙박비에 포함되어 있는지 물어보는 것이 좋다. 프랑스 호텔에서의 아침식사가 우리에게는 충분하지 않아 별도로 해결하는 것이 나을 수 있기 때문이다. 호텔 방안에 간이 부엌이 있는 경우는 괜찮지만 호텔 내에서 음식을 해먹는 것은 금지되어 있다.

호텔방은 욕실이 갖추어진 방과 단순히 샤워 시설만 갖추어진 방이 있다. 물론 값의 차이가 난다. 욕실이나 샤워 시설을 이용할 경우에 물이 욕조 밖으로 새어나오지 않도록 커튼을 욕조 안쪽으로 잘 조정해 놓아야 한다. 물이 빠져 나가는 하수구 시설이 욕조나 샤워 시설 안쪽에만 있기 때문에 욕조 밖으로 물이 넘치면 그 물이 호텔 방안까지 흘러들어오기 때문이다. 한국의 욕실에 익숙한 많은 사람들이 이 부분에 주의하지 않아 난처한 일을 당한 경우가 많다.

호텔방은 도로에 면한 방과 안쪽으로 난 방이 있는데 도로에 면한 방은 밤에 시끄러울 수 있다. 결정하기 전에 방을 보여달라고 하는 것이 좋으며 밤중에 시끄럽지 않느냐고 물어보는 것도 좋은 방안이다.

침대 위에는 모포가 맨 위에 놓여 있고 바로 아래에 흰 이불 호청 같은 천이 있으며 그 아래에 다시 하얀 시트가 있는데 잠을 잘 때에는 바로 이 시트 위에서 하얀 천을 덮고 자게 되어 있다.

다음날 저녁에는 이 하얀 두개의 천이 새 것으로 바뀌어 있음을 알 수 있다.

호텔에 투숙할 때, 귀중품이나 현금은 카운터의 금고에 맡기는 것이 좋다. 고급 일류 호텔에서도 도난 사고가 발생하기 때문이다. 호텔 방안에 넣어둔 트렁크에서 현금이나 귀중품이 없어지는 경우가 있다. 이럴 경우 호텔에서는 책임을 지지 않는다.

방안에 있을 때에는 방문을 잠궈 두어야 하며 바깥에 누군가 찾아올 때에도 시간 장치를 건 상태에서 확인하고 문을 열어주어야 한다. 호텔 방문을 열기 위해서는 반드시 열쇠가 필요하기 때문에 방안에 열쇠를 놓고 밖으로 나오지 않도록 조심해야 한다. 슬리퍼나 잠옷 차림으로 호텔 방 바깥으로 나가서는 안된다.

호텔에 비치된 물건 가운데 메모지나 비누, 샴푸 같은 소모품은 가져가도 되지만 수건이나 컵, 옷걸이 등과 같은 비소모품은 그대로 두어야 한다. 이런 것을 가져갈 경우 변상을 하라고 청구서가 날아온다.

호텔

호텔

호텔 로비

호텔 침실

체크인

방 하나를 원하는데요.

Je voudrais une chambre.
쥬 부드레 윈 샹브르

방 하나를 이미 예약해 놓았는데요.

J'ai déjà réservé une chambre.
제 데자 레제르베 윈 샹브르

방 하나를 예약하고 싶은데요.

Je voudrais réserver une chambre.
쥬 부드레 레제르베 윈 샹브르

욕실이 있는 방 하나를 원합니다.

Je voudrais une chambre avec bain.
쥬 부드레 윈 샹브르 아벡 뱅

욕조가 있습니까?

Est-ce qu'il y a un lavabo?
에스 낄 리 아 엥 라바보

샤워 시설이 있는 방 하나를 원합니다.

Je voudrais une chambre avec douche.
쥬 부드레 윈 샹브르 아벡 두쉬

호텔

침대 하나있는 방을 원합니다.

Je voudrais une chambre à un lit.
쥬 부드레   윈   샹브르   아 엥 리

2인용 방을 원합니다.

Je voudrais une chambre pour deux personnes.
쥬 부드레   윈   샹브르   뿌흐 되 빼흐손

큰 침대 하나있는 방을 원합니다.

Je voudrais une chambre à un grand lit.
쥬 부드레   윈   샹브르   아 엥 그랑 리

침대 두 개 있는 방을 원합니다.

Je voudrais une chambre à deux lits.
쥬 부드레   윈   샹브르   아 되 리

3일간 있을 방을 원합니다.

Je voudrais une chambre pour trois jours.
쥬 부드레   윈   샹브르   뿌흐 트뢰 주흐

하루 밤 묶을 방을 원합니다.

Je voudrais une chambre pour une nuit.
쥬 부드레   윈   샹브르   뿌흐 윈 뉘

호텔

> 별 2개 호텔 : l'hôtel à deux étoiles 로텔 아 되 제뚤
> 별 3개 호텔 : l'hôtel à trois étoiles 로텔 아 트롸 제뚤
> 호화 호텔 : l'hôtel de luxe 로텔 드 뤽스
> 안락한 호텔 : l'hôtel confort 로텔 꽁포흐
> 관광 호텔 : l'hôtel de tourisme 로텔 드 뚜리즘

호텔

얼마입니까?

C'est combien?
쎄 꽁비옝

아침식사가 포함되어 있습니까?

Le petit déjeuner est compris?
르 쁘띠 데죄네 에 꽁프리

아침식사는 하지 않습니다.

Je ne prends pas le petit-déjeuner.
쥬 느 프랑 빠 르 쁘띠-데죄네

방을 볼 수 있습니까?

Est-ce que je peux voir la chambre?
에-스 끄 쥬 뾔 봐르 라 샹브르

방은 조용합니까?

La chambre est calme?
라 샹브르 에 꺌므

이 방은 시끄럽지 않습니까?

Cette chambre n'est pas bruyante?

나는 시끄러운 방을 싫어합니다.

Je n'aime pas la chambre bruyante.

이 방이 내 마음에 듭니다.

Cette chambre me plaît.

이 방은 내 맘에 들지 않습니다.

Cette chambre ne me plaît pas.

다른 방을 좀 보여주세요.

Montrez-moi une autre chambre, s'il vous plaît.

이 방을 잡겠습니다.

Je prends cette chambre.

호텔은 만원입니다.

L'hôtel est complet.
로텔 에 꽁쁠레

방이 없습니다.

Il n'y a plus de chambre.
일 니 아 쁠뤼 드 샹브르

침대 시트 : le drap 르드라
수건 : la serviette 라 쎄르비에뜨
비누 : le savon 르 싸봉
치약 : la dentifrice 라 당띠푸리스
병따개 : le tire-bouchon 르 띠르 부숑
재떨이 : le cendrier 르 쌍드리에

호텔

프랑스 성

 실제 대화

A : 안녕하세요? 방을 찾는데요.

A : Bonjour, Monsieur. Je voudrais une chambre.
봉주르　　므시외　　　쥬　부드래　윈 샹브르

B : 몇 명입니까?

B : Vous êtes combien?
부　　젯　　꽁비엥

A : 네 명입니다.

A : Nous sommes quatre.
누　　쏨　　　까트르

B : 그래요? 방 두 개를 원하십니까?

B : Alors, vous voulez deux chambres?
알러흐　부　　불레　되　　샹브르

A : 그래요. 침대가 둘인 방 2개요.

A : Oui, deux chambres à deux lits.
위　되　샹브르　　아 되　리

B : 며칠간 묵으십니까?

B : D'accord. Vous restez combien de jours?
다꺼흐　　부　레스테　꽁비엥 드 주흐

호텔

A : 우리는 내일 아침 떠납니다.

A : Nous partons demain matin.
   누   빠흐똥   드맹   마땡

B : 욕조와 샤워 시설 중 어느 것을 원하십니까?

B : Vous voulez les chambres avec bain ou avec douche?
   부   불레   레   샹브르   아벡 벵 우 아벡 두쉬

호텔

A : 샤워 시설의 방을 원합니다.

A : Nous voulons les chambres avec douche.
   누   불롱   레   샹브르   아벡 두쉬

B : 방을 보고 싶으십니까?

B : Vous voulez voir les chambres?
   부   불레   봐흐 레   샹브르

A : 예, 방을 보고 싶습니다.

A : Oui, nous voulons voir les chambres.
   위   누   불롱   봐흐 레   샹브르

B : 212호와 213호의 방문 열쇠입니다.

B : Voilà les clés des chambres 212 et 213.
   봘라   레 끌레   데   샹브르 뒈쌍두즈 에 뒈썅트레즈

프랑스어 회화 · 106

호텔 투숙 중의 대화

아침식사를 방으로 배달해 주세요.

Apportez-moi le petit déjeuner dans la chambre, s'il vous plaît.

아뽀흐떼-뫄   르 쁘띠   데죄네   당
라 샹브르   씰 부   쁠래

몇 시에 아침식사를 합니까?

On prend le petit déjeuner à quelle heure?

옹 프랑   르 쁘띠   데죄네   아 껠 뢰흐

식당이 어디 있습니까?

Où est le restaurant?

우 에 르 레스토랑

문이 잘 안 닫히는데요.

La porte ne ferme pas bien.

라 뽀흐뜨   느 훼흠   빠   비앵

방이 너무 시끄럽습니다.

La chambre est trop bruyante.

라 샹브르   에   트로   브뤼앙뜨

방을 바꿀 수 있습니까?

Je peux changer de chambre?
쥬 뾔 샹줴 드 샹브르

온수가 나오지 않습니다.

L'eau chaude ne coule pas.
로 쇼드 느 꿀 빠

난방이 안됩니다.

Le chauffage est en panne.
르 쇼화쥐 에 땅 빤

호텔

방이 차갑습니다.

La chambre est froide.
라 샹브르 에 후뢰드

수건이 없습니다.

Il n'y a pas de serviette.
일 니 아 빠 드 쎄르비에뜨

열쇠를 방에 놓고 나왔습니다.

J'ai laissé la clé dans la chambre.
줴 레쎄 라 끌레 당 라 샹브르

전화가 안됩니다.

Le téléphone ne marche pas.
르 뗄레폰 느 마흐쉬 빠

이 옷들을 세탁해 주세요.

Je vous demande de nettoyer ces vêtements.

쥬 부 드망드 드 네똬예 쎄 베뜨망

> 전등 : la lampe 라 람쁘
> 전구 : une ampoule 윈 앙뿔
> 세탁 : le lavage 르 라바쥐
> 세탁소 : la laverie 라 라브리
> 다림질 : le repassage 르 르빠싸쥐

호텔

성

노르망다리

체크 아웃

 알아두기

호텔에서 방을 비울 때에는 당일 12시 이전에 나가야 한다. 그러나 호텔에 따라서 방을 비우는 시간이 다르기 때문에 미리 알아놓는 것이 좋다. 호텔을 나올 때에는 맡겨 놓은 물품을 다 챙겼는지 다시 한 번 확인해 보아야 한다.

호텔

내일 아침에 떠납니다.

Je pars demain matin.
쥬 빼흐 드맹 마땡

오늘 떠납니다.

Je pars aujourd'hui.
쥬 빼흐 오주흐디

몇 시까지 방을 비워야 합니까?

Jusqu'à quelle heure dois-je libérer la chambre?
쥐스까 껠 뢰흐 돠-쥬 리베레 라 샹브르

전부 얼마입니까?

Ça fait combien en tout?
싸 훼 꽁비엥 앙 뚜

계산서 좀 주세요.

La note, s'il vous plaît.
라 노뜨 씰 부 쁠레

크레디트 카드를 받으십니까?

Vous acceptez les cartes de crédit?
부 작쎄떼 레 까흐뜨 드 크레디

택시를 불러 주시겠어요?

Vous pourriez m'appeler un taxi?
부 뿌리에 마쁠레 엥 딱시

포터를 불러 주세요.

Le porteur, s'il vous plaît.
르 뽀흐터 씰 부 쁠레

친구에게 메시지를 남길 수 있나요?

Je peux laisser un message à un ami?
쥬 쁘 레쎄 엥 메씨쥐 아 엥 아미

호텔

차액을 지불하다 : régler la différence
  레글레 라 디페랑스

팁 (행하) : le pourboire 르 뿌흐부아흐

영수증 : le reçu 르 르쒸

착오 : l'erreur 레러흐

4. 식사

알아두기

　음식하면 프랑스를 빼놓을 수가 없다. 프랑스는 먹을 것이 많고 음식 맛도 또한 빼어나서 프랑스의 요리는 어느 나라에서나 고급 요리에 속한다. 프랑스에서는 음식을 먹는 것이 하나의 예술로 승화되어 맛과 멋을 즐기는 것이다. 그렇기 때문에 음식을 먹는 것이 일정한 절차에 따라 이루어지고 그 절차가 간단하지 않다. 우리가 관광객의 신분으로 프랑스에 가서 이러한 절차에 따라 품위있는 음식을 먹어보기는 그렇게 쉽지 않을 것이다. 그러나 간단히 음식을 먹는다고 해서 절차가 없는 것은 아니다. 간단한 음식에도 약식이긴 하지만 절차가 있다.

　프랑스에서는 식당을 Restaurant(레스또랑)이라고 하는데 레스토랑에서만 식사를 하는 것은 아니다. 길거리에 있는 Brasserie(맥주 등 음료를 파는 곳)나 Café(까페)에서도 간단한 식사를 할 수 있다. 식사를 하는 시간은 정해져 있으며 보통 점심식사는 12시-14시 30분, 저녁은 19시-23시 정도이다. 이 시간 이외의 시간에는 식당이 문을 닫기 때문에 식사를 할 수 없다. 유명한 식당은 미리 예약해야만 자리를 잡을 수가 있다. 큰 식당에서는 점심이나 저녁이나 보통 한 테이블에 한 손님을 받으면 그것으로 끝이다. 왜냐하면 순서에 따라 식사를 하다보면 식사 시간이 보통 2시간 걸리기 때문이다.

프랑스의 식당에 가서 음식을 주문하고 싶어도 어떤 음식인지 알지 못하여 주문을 하지 못하는 경우도 있을 것이다. 이럴 때에는 옆 좌석에 앉은 사람들이 먹는 것을 보고 골라 가리키면서 그걸 갖다달라고 주문할 수도 있고, 또는 종업원에게 추천을 해달라고 요구할 수도 있다. 음식은 육류와 조류, 그리고 생선 종류로 나누어진다. 육류는 소고기, 돼지고기, 양고기, 토끼고기, 등이 있고 조류는 닭, 거위, 메추리 등으로 나누어지며, 생선은 바다에서 나는 여러 가지 물고기들이 주를 이룬다.

음식은 처음에 입맛을 돋우기 위해 Apéritif(아뻬리띠프 ; 알콜이 함유된 음료)를 마시며 전식(entrée), 본식(plat principal), 후식(dessert), 후식 후 커피나 아이스크림 등으로 마무리를 한다. 나머지 것들은 필수적은 아니지만 적어도 전식, 본식, 후식은 하나씩 주문을 하는 것이 통례이다. 전식은 샐러드나 찬 음식으로 식당에서 미리 준비해 놓은 것들이기 때문에 금방 서비스가 되는 것이며, 본식은 주문받은 다음에 요리를 해야 하기 때문에 시간이 걸린다. 전식을 시키지 않고 본식만 주문할 수도 있지만 본식만 주문하게 되면 오랜 시간동안 앉아서 요리가 나오기를 기다려야 한다. carte(꺄르뜨 ; 메뉴판)를 보고 음식을 주문할 수도 있고, 메뉴판에 보면 menu(므뉘)라 하여 정해진 금액으로 식당에서 미리 준비해 놓은 음식도 있다. 전식, 본식, 후식이 갖추어져 있고 가격상으로 약간 저렴하며 보통 2가지 정도의 음식 가운데에서 선택하여 먹을 수 있다.

식사

프랑스의 식당에서는 물을 주문해야만 갖다 준다. Une carafe d'eau, s'il vous plaît. (윈 꺄라후 도 씰 부 쁠레)하면 호리병에 넣은 정수된 수도물을 가져다 준다. 이 물은 돈을 지불하지 않으며 부족하면 더 요구할 수 있다.

식사를 하는 중에는 음식을 먹으며 큰 소리로 웃고 떠들어서는 안된다. 옆 좌석의 사람들에게 방해가 되지 않을 정도로 작은 목소리로 얘기해야 하며 종업원을 부르 때에도 작은 소리로 부드럽게 불러야 예의에 어긋나지 않는다.

식당에 들어가면 대개 종업원이 다가와서 몇 사람인지를 물어보고 자리를 안내해 준다. 빈 자리가 있다고 해서 마음대로 앉으면 안되며 안내원이 올 때까지 입구에서 기다려야 한다. 음식을 다 먹고 돈을 지불할 때에도 종업원에게 영수증을 가져오라고 해서 카드나 현금으로 지불한다.

요즘에는 특히 빠리에 간편 식당이 생겨 본인이 쟁반에 들고 다니며 먹을 음식을 골라 계산대에서 계산한 다음 빈 자리에 앉아 식사를 하는 곳도 있다.

식사

식당

식당 좌석을 예약할 때

알아두기

식당 좌석을 예약할 때에는 몇 사람이 몇시에 도착할 것인지를 밝혀야 하며 원하는 위치가 어디인지도 말해주는 것이 좋다.

오늘 저녁 4인용 테이블을 하나 예약하고자 하는데요.

Je voudrais réserver une table pour quatre personnes ce soir.
쥬 부드레   레제르베   윈   따블   뿌흐
까트르   뻬르손   스   솨

당신은 몇 시에 도착하십니까?

Vous arrivez à quelle heure?
부   자리베   아   껠   뢰흐

우리는 7시 반에 도착합니다.

Nous arrivons à sept heures et demie.
누   자리봉   아   쎄   뢰르   에 드미

창가에 있는 테이블을 예약하고 싶습니다.

Je voudrais réserver une table près de la fenêtre.
쥬 부드레   레제르베   윈   따블 프레 드 라 후네트르

프랑스 식당 : le restaurant français
　　　　　　　르 레스또랑　　　프랑세

한국 식당 : le restaurant coréen
　　　　　　　르 레스또랑　　　꼬레엥

중국 식당 : le restaurant chinois
　　　　　　　르 레스또랑　　　쉬놔

일본 식당 : le restaurant japonais
　　　　　　　르 레스또랑　　　자뽀네

프랑스 요리 : la cuisine française
　　　　　　　라 뀌진　　　프랑세즈

한국 요리 : la cuisine coréenne
　　　　　　　라 뀌진　　　꼬레엔

식 사

식당에 도착해서

★ 미리 예약하지 않았을 경우에는 식당 안으로 들어가서 종업원이 나오기를 기다린다.

김씨 이름으로 이미 예약을 했는데요.

J'ai déjà réservé une table au nom de Monsieur KIM.

제　데자　레세르베　윈　따블　오　농　드
므시외　　킴

몇 사람입니까?

Vous êtes combien?
부　　셋　　꽁비앵

4명입니다.

Nous sommes quatre.
누　　쏨　　　까트르

4명입니다.

On est quatre.
옹　 네　 까트르

■ 종업원을 부를 때

식사

(남자 종업원에게) 잠깐만요.

Monsieur, s'il vous plaît.
므시외　　　씰　부　　쁠레

여자 종업원에게) 잠깐만요.

Madame, s'il vous plaît.
마담　　　　씰　부　　쁠레

주문할 때

메뉴판 좀 주세요.

La carte, s'il vous plaît.
라 까흐뜨 씰 부 쁠레

(손가락으로 가리키며) 이것을 원합니다.

Je voudrais ceci.
쥬 부드레 스씨

식사

(여러 개를 손가락으로 가리키며) 이것과 이것을 원합니다.

Je voudrais ça et ça.
쥬 부드레 싸 에 싸

12 유로짜리 메뉴를 고르겠습니다.

Je choisis le menu à douze euros.
쥬 쇠지 르 므뉘 아 두즈 외로

무엇을 추천해 주시겠습니까?

Qu'est-ce que vous me conseillez?
께-스 끄 부 므 꽁쎄이예

비후스텍과 감자 튀김을 선택합니다.

Je choisis un bifteck avec des frites.
쥬 쇠지 엥 비후텍 아벡 데 후리뜨

고기는 적당히 익힌 걸로요.

A point, s'il vous plaît.
아 뽀엥   씰 부   쁠레

고기는 많이 익힌 걸로요.

Bien cuit, s'il vous plaît.
비엥 뀌   씰 부   쁠레

음료수 : une boisson 윈 뫄쏭

우유 : du lait 뒤 레

설탕 : du sucre 뒤 쒸크르

소금 : du sel 뒤 쎌

소고기 : du boeuf 뒤 뵈프

송아지 고기 : du veau 뒤 보

돼지고기 : du porc 뒤 뻬흐

양고기 : de l'agneau 드 라뇨

닭고기 : du poulet 뒤 뿔레

오리 고기 : du canard 뒤 까나

토끼 고기 : du lapin 뒤 라뼁

식사

 문화 엿보기

고기는 굽는 정도에 따라 saignant (쎄냥), à point (아 뽀엥), bien cuit (비엥 뀌) (직역하면 피가 떨어지는 것, 꼭 맞게 구운 것, 충분히 구운것)으로 구분되는데 saignant은 고기가 충분히 익지 않았기 때문에 칼로 썰면 약간의 피가 흘러

나온다. 대신 먹기에 부드럽다. à point은 적당히 구운 것으로 saignant과 bien cuit의 중간 정도라고 보면 된다. bien cuit는 겉이 약간 탈 정도로 충분히 구워진 것인데 먹기에 약간 떡떡하다.

식사

포오크 : une fourchette 윈 후르쉐뜨

칼 : un couteau 앵 꾸또

숟가락 : une cuiller 윈 뀌이예흐

마실 것(음료를 총칭함) : une boisson 윈 뵈쏭

육류 : la viande 라 비앙드

생선 : le poisson 르 쀠쏭

빵 : du pain 뒤 뺑

버터 : du beurre 뒤 베르

아이스크림 : de la glace 드 라 글라스

치즈 : du fromage 뒤 프로마쥐

겨자 : de la moutarde 드 라 무따흐드

후추 : du poivre 뒤 쁘브르

식사

생수 한 병 갖다 주세요.

Donnez-moi une bouteille d'eau minérale, s'il vous plaît.
돈네-와 윈 부떼이 도 미네랄 씰 부 쁠레

탄산수로 아니면 탄산수가 아닌걸로요?

Gazeuse ou non gazeuse?
가죄즈 우 농 가죄즈

탄산수가 아닌 걸로요.

Non gazeuse, s'il vous plaît.
농 가죄즈 씰 부 쁠레

식사

물 한병 주십시오.

Donnez-moi une carafe d'eau, s'il vous plaît.
돈네-와 윈 까라후 도 씰 부 쁠레

빵 좀 더 주세요.

Encore du pain, s'il vous plaît.
앙꺼흐 뒤 빵 씰 부 쁠레

적포도주 한병(75cl) 주세요.

Une bouteille de vin rouge, s'il vous plaît.
윈 부떼이 드 뱅 루쥐 씰 부 쁠레

반병짜리(37.5cl) 적포도주 주세요.

Une demi-bouteille de vin rouge, s'il vous plaît.

윈   드미-부떼이   드 뱅 루쥐 씰 부 쁠레

백포도주 한병 주세요.

Une bouteille de vin blanc, s'il vous plaît.

윈   부떼이   드 뱅 블랑   씰 부 쁠레

문화 엿보기

une bouteille(한병)와 une demi-bouteille(반병)의 차이는 용량의 차이이다. 한병은 75cl 용량의 병을 말하며 반병은 37.5cl 용량의 병을 말한다.

식사

실제 대화

B : 안녕하세요? 이미 예약하셨습니까?

B : Bonjour, vous avez réservé la table?
　　봉주흐　　부　　지베　레제르베　라 따블

A : 아니오.

A : Non.
　　농

B : 이 쪽으로 오십시오.

B : Venez par ici.
　　브네　빠흐 이씨

A : 고맙습니다.

A : Merci beaucoup.
　　메흐씨　보꾸

B : 무엇을 원하십니까?

B : Qu'est-ce que vous voulez?
　　께-스　　크　부　불레

A : 샐러드 하나와 비프스테이크 주세요.

A : Je voudrais une salade verte et un bifteck.
　　쥬 부드레　윈　살라드 베르뜨 에 엥 비프테끄

B : 음료로는요?

B : Et comme boisson?
　　에 꼼　　봐쏭

A : 생수 한병과 적포도주 반병짜리 주십시오.

A : Donnez-moi une bouteille de l'eau minérale et une demi-bouteille de vin rouge, s'il vous plaît.
　　도네-뫼　　윈 부떼이 드 로 미네랄 에 윈 드미 부떼이 드 벵 루쉬 씰 부 쁠레

식사

B : 좋습니다. 곧 서비스해 드리겠습니다.

B : Bien, je vous sers tout de suite.
　　비엥　쥬 부　　쎄르 뚜 드 쒸뜨

뷔페식당

계산할 때

계산서 좀 주세요.

L'addition, s'il vous plaît.
라디씨옹   씰 부   쁠레

얼마입니까?

Ça fait combien?
씨 풰   꽁비엥

봉사료가 포함되어 있나요?

Le service est compris?
르 쎄르비스   에   꽁프리

식사

은행 카드로 지불해도 됩니까?

Je peux payer par la carte de crédit?
쥬 뾔   뻬이에 빠흐 라 까흐뜨 드 크레디

은행 카드 받으십니까?

Vous acceptez la carte de crédit?
부 작쎄떼   라 까흐뜨 드 크레디

맛있게 먹었습니다.

J'ai bien mangé.
재 비엥 망제

아주 좋았습니다.

C'était très bien.
쎄떼 트레 비엥

> 영수증 : le reçu 르 르쒸
>
> 청구서 : la note 라 노뜨
>
> 팁 : le pourboire 르 뿌흐봐흐
>
> 계산대 : le comptoir 르 꽁뚜아

식사

 문화 엿보기

음식 계산서에는 봉사료가 포함되어 있긴 하지만 어느 정도의 팁(2 내지 4 유로)을 식탁 위에 놓는 것이 상례다.

프랑스 음식

Café (까페)에서

엑스프레스 커피 한잔 주세요.

Un café express, s'il vous plaît.
엉 까페 엑스프레스 씰 부 쁠레

밀크 커피 한잔 주세요.

Un café au lait, s'il vous plaît.
엉 까페 오 레 씰 부 쁠레

나한테는 카페인 없는 커피 한잔 주세요.

Pour moi, un décaféiné, s'il vous plaît.
뿌흐 와 엉 데까페이네 씰 부 쁠레

차 한잔 주세요.

Un thé, s'il vous plaît.
엉 떼 씰 부 쁠레

오렌지 주스 한잔 주세요.

Un jus d'orange, s'il vous plaît.
엉 쥐 도렁쥐 씰 부 쁠레

생맥주 한잔(250ml) 주세요.

Une demi-pression, s'il vous plaît.
윈 드미-프레씨옹 씰 부 쁠레

식사

하이네켄 맥주 한병 주세요.

Un Heineken, s'il vous plaît.
엥 아이네켄   씰 부   쁠레

소다수 하나 주세요.

Une limonade. s'il vous plaît
윈   리모나드   씰   부   쁠레

우유 넣은 차 하나 주세요

Un thé au lait, s'il vous plaît
엥 떼 오 레 씰 부   쁠레

식사

햄 넣은 샌드위치

un sandwich au jambon
엥   상드위치   오 쟝봉

햄과 치즈 넣은 샌드위치

un croque-monsieur
엥   크로끄-므시외

소시지 : une saucisse 윈 쏘시스

생크림 : une crème fraîche 윈 크렘 푸레쉬

5. 쇼핑하기

알아두기

  프랑스는 볼 것도 많고 먹을 것도 많으며 살 것도 많은 나라이다. 여행에서 보고 즐기는 것이 중요한 활동이지만 필요한 물건을 사는 것도 중요한 활동 중의 하나이다. 프랑스에는 세계적인 명성을 얻고 있는 제품들이 많이 있다. 화장품 종류를 비롯하여 의상, 기타 가전 제품 등이 우리가 흔히 사는 물건들이다.

  물건을 사는 것은 대형 백화점 뿐만 아니라 소규모의 상점(boutique 부띠끄), 또는 슈퍼 마켓,등 다양하다. 백화점으로는 Galerie Lafayette(걀러리 라화예뜨), Pringtemps(프렝땅)이 대표적이며 슈퍼 마켓은 규모가 다양한데 대규모 슈퍼 마켓은 대도시의 근교에 큰 공간을 차지하고 자리를 잡아 다양한 물건들을 취급한다.

  프랑스에서 물건을 살 경우 유럽 연합국가 출신이 아닌 외국인에게는 면세 혜택이 주어진다.

  일정 금액 이상을 구입해야 면세를 받을 수 있으며 물품 대금을 다 지급하고 난 다음 구입 상점에서 면세에 필요한 서류를 작성하여 공항에서 출국하기 전에 서류를 제출하여 면세 절차를 밟는다. 이 때 구입한 물품이 공항을 통해 올바로 나가는지 세관에서 물품을 보여 달라고 요구한다.

상점에서

쇼핑하기

(점원이 다가와 하는 말) 무얼 찾으세요?

Vous désirez?
부   데지레

여성용 향수를 찾는데요.

Je cherche un parfum pour dames.
쥬 쉐르쉬   엥 빠르훵   뿌흐 담

남성용 향수를 찾는데요.

Je cherche un parfum pour hommes.
쥬 쉐르쉬   엥 빠르훵   뿌흐 옴

(손으로 가리키며) 이걸 원하는데요.

Je voudrais ceci.
쥬 부드레   스시

얼마입니까?

Ça coûte combien?
씨   꾸뜨   꽁비엥

비싸군요.

C'est cher.
쎄   쉐르

다른 것을 보여주세요.

Montrez-moi d'autres, s'il vous plaît.
몽트레-와   도트르   씰 부   쁠레

면세를 받기 원하는데요.

Je voudrais de la détaxe.
쥬 부드레   드 라 데떡스

면세를 부탁드립니다.

La détaxe, s'il vous plaît.
라 데떡스   씰 부   쁠레

백화점 : le grand magasin 르 그랑 마가젱
부띠크 : la boutique 라 부띠끄
기성복 : le prêt-à-porter 르 프레따 뽀흐떼
염가매출 : les soldes 레 쏠드

쇼핑하기

향수 진열대(코너)가 어디 있습니까?

Où est le rayon des parfums?
우 에 르 레이용 데 빠르휑

옷 진열대(코너)가 어디 있습니까?

Le rayon des vêtements, s'il vous plaît.
르 레이용 데 베뜨망   씰 부   쁠레

장난감 진열대가 어디 있습니까?

Où est le rayon des jouets?
우 에 르 레이용 데 주에

은행 카드로 지불해도 되죠?

Je peux payer par la carte de crédit?
쥬 쁘 뻬예 빠흐 라 까흐뜨 드 크레디

은행 카드 받으시죠?

Vous acceptez la carte de crédit?
부 삭쎄떼 라 까흐뜨 드 크레디

현금으로 지불하겠습니다.

Je veux payer par l'argent liquide.
쥬 뵈 뻬예 빠흐 라흐장 리끼드

백화점

옷가게에서

알아두기

옷 치수의 표시가 한국에서와 다르다. 유럽에서도 영국의 치수 표시가 또 다르기 때문에 옷을 살 경우에는 입어보고 확인하여 사는 것이 좋다.

쇼핑하기

양복 하나 사고 싶은데요.

Je voudrais acheter un costume.
쥬 부드레 아슈떼 엥 꼬스뜀

바지 하나 사고 싶은데요.

Je voudrais acheter un pantalon.
쥬 부드레 아슈떼 엥 빵딸롱

웃옷을 하나 사고 싶은데요.

Je voudrais acheter une veste.
쥬 부드레 아슈떼 윈 베스뜨

블라우스 하나 사고 싶은데요.

Je voudrais acheter un chemisier.
쥬 부드레 아슈떼 엥 슈미지에

와이셔츠 하나 사고 싶은데요.

Je voudrais acheter une chemise.
쥬 부드레 아슈떼 윈 슈미즈

치마 하나 사고 싶은데요.

Je voudrais acheter une jupe.
쥬 부드레   아슈떼   윈   쥐쁘

이 색깔을 싫어합니다.

Je n'aime pas cette couleur.
쥬 넴   빠   쎄뜨   꿀뢰

쇼핑하기

모델이 마음에 안 듭니다.

Je n'aime pas ce modèle.
쥬 넴   빠   스   모델

다른 모델을 보고 싶습니다.

Je veux voir un autre modèle.
쥬 뵈   봐흐   엔   오트르   모델

너무 작습니다.

Cela est trop petit.
슬라   에   트로   쁘띠

너무 큽니다.

Cela est trop grand.
슬라   에   트로   그랑

꽉 낍니다.

Cela me serre.
슬라   므   쎄흐

약간 큰 걸로 주십시오.

Un peu plus grand, s'il vous plaît.

엥 뾔 쁠뤼 그랑 씰 부 쁠레

약간 작은 걸로 주십시오.

Un peu plus petit, s'il vous plaît.

엥 뾔 쁠뤼 쁘띠 씰 부 쁠레

생각 좀 해보고요.

Je veux réfléchir.

쥬 뵈 레플레쉬르

이건 마음에 들지 않는군요.

Je n'aime pas ça.

쥬 넴 빠 싸

이걸 입어봐도 됩니까?

Je peux l'essayer?

쥬 뾔 레쎄이에

마음에 듭니다.

Cela me plaît.

슬라 므 쁠레

마음에 들지 않습니다.

Cela ne me plaît pas.

슬라 느 므 쁠레 빠

이 옷이 그(또는 그녀)에게 어울립니다.

Cette robe lui va bien.
쎄뜨 로브 뤼 바 비엥

이 옷이 나에게 어울립니까?

Cette robe me va bien?
쎄뜨 로브 므 바 비엥

재질이 무엇입니까?

C'est en quoi?
쎄 땅 꽈

면제품입니까?

C'est en coton?
쎄 땅 꼬똥

모직 제품입니까?

C'est en laine?
쎄 땅 렌

이걸 사겠습니다.

Je prends cela.
쥬 프랑 슬라

이걸 선택합니다.

Je choisis cela.
쥬 스와지 슬라

치마 : une jupe	윈 쥐쁘	
스웨터 : un pull	엥 쀼	
블라우스 : un chemisier	엥 쉬미지에	
스카프 : un foulard	엥 플라흐	
자켓 : une veste	윈 베스트	
양복 : un costume	엥 꼬스뜀	
와이셔츠 : une chemise	윈 쉬미즈	
넥타이 : une cravate	윈 크라바뜨	
바지 : un pantalon	엥 빵딸롱	
하얀색 : blanc / blanche	블랑/블랑쉬	
빨강색 : rouge	루쥐	
검정색 : noir(e)	놔흐	
초록색 : vert(e)	베흐(뜨)	
파랑색 : bleu(e)	블뢰	

쇼핑하기

 백화점 내부 풍경

화장품 가게에서

 — 향수

쇼핑하기

향수 하나 사고 싶은데요.

Je voudrais acheter un parfum.
<small>쥬 부드레   아슈떼   엥 빠흐펭</small>

루즈 하나를 사고 싶은데요.

Je voudrais acheter un rouge à lèvres.
<small>쥬 부드레   아슈떼   엥 루즈 아 레브르</small>

화운데이션 하나 사고 싶은데요.

Je voudrais acheter un fond de teint.
<small>쥬 부드레   아슈떼   엥 퐁 드 뼁</small>

화장수를 찾습니다.

Je cherche l'eau de toilette.
<small>쥬 쉐르쉬   로 드 똴레뜨</small>

콤팩트를 찾습니다.

Je cherche un poudrier.

쥬 쉐르쉬 엥 뿌드리에

샤넬 5호를 보고 싶습니다.

Je veux voir le Chanel No.5.

쥬 뵈 봐흐 르 샤넬 뉴메로 쌩크

쇼핑하기

보석가게에서

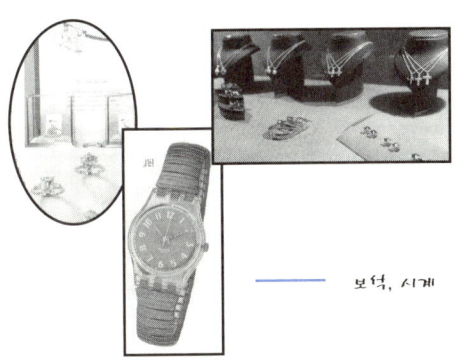

보석, 시계

반지 하나 사고 싶은데요.

Je voudrais acheter une bague.

쥬 부드레 아슈떼 윈 바그

목걸이 하나 사고 싶은데요.

Je voudrais acheter un collier.
쥬 부드레   아슈떼   엥 꼴리에

손목 시계 하나 사고 싶은데요.

Je voudrais acheter une montre.
쥬 부드레   아슈떼   윈 몽트르

팔찌 하나 보고 싶은데요.

Je veux voir un bracelet.
쥬 뵈 봐흐 엥 브라슬레

순금으로 되어 있습니까?

C'est en or pur?
쎄   땅 어흐 쀠흐

다른 모델 있으세요?

Avez-vous d'autres modèles?
아베-부   도트르   모델

보석 : des bijoux 데 비주

만년필 : un stylo 엥 스틸로

라이터 : un briquet 엥 브리께

선글라스 : des lunettes de soleil
데 뤼넷 드 쏠레이으

쇼핑하기

기타

(여성용)가방 하나 싶은데요.

Je voudrais acheter un sac.
쥬 부드레   아슈떼   엥 싹

트렁크 하나 사고 싶은데요.

Je voudrais acheter une valise.
쥬 부드레   아슈떼   윈   발리스

구두 한 켤레 사고 싶은데요.

Je voudrais acheter une paire de chaussures.
쥬 부드레   아슈떼   윈   빼흐 드 쇼쉬흐

만년필 하나 사고 싶은데요.

Je veux acheter un stylo.
쥬 뵈   아슈떼 엥 스틸로

흠집이 있습니다.

C'est abîmé.
쎄   따비메

작동이 안됩니다.

Ça ne marche pas.
싸 느 마흐쉬 빠

다른 것으로 바꾸어도 됩니까?

Je peux l'échanger contre un autre?

쥬 뾔 레샹줴 꽁트르 엔 오트르

환불해 주시겠습니까?

Vous pouvez me rembourser?

부 뿌베 므 랑부흐세

환불 받기를 원합니다.

Je veux le remboursement.

쥬 뵈 르 랑부흐스망

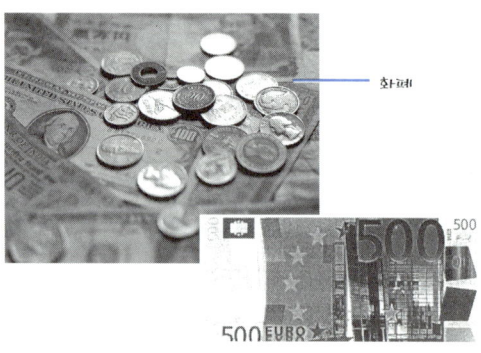

화폐

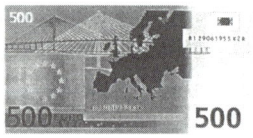

6. 관광에 대해서

알아두기

여행사를 통해 단체 여행을 가게 되면 현지 가이드가 안내 를 하기 때문에 프랑스어로 대화를 해 볼 기회를 갖기 힘들 것이다. 그러나 요즈음에는 젊은이들이 단독으로 또는 2-3명이 배낭 여행을 떠나는 경우가 많기 때문에 관광지에 관한 간단한 회화를 익혀두는 것이 필요하다. 프랑스에서는 어느 도시를 가나 도시의 중심부 또는 기차역 주변에 관광 안내소가 마련되어 있다. 관광 안내소에서는 그 지역에서 볼 만한 명소와 문화 행사에 관한 자료를 얻을 수 있다. 그 도시의 약도와 길거리의 표시, 안표를 할 만한 건물명, 등에 관한 정보는 처음 그 도시를 찾아온 사람에게 소중한 자료가 될 수 있다. 대부분의 자료는 무료로 배포되나 일부는 돈을 지불해야 하는 것도 있다. 안내 자료는 물론 여러 나라 말로 설명되어 있다. 관광 안내소는 Information을 상징하는 I로 표기되어 있으며 프랑스어로는 Office de tourisme(오피스 드 뚜리즘 : 관광 사무소)이라고 말한다. 관광 안내소에서는 그 지방에서 개최하는 문화 행사에 참여할 수 있는 표를 구입할 수도 있다.

관광 안내소에서

관광에 대해서

관광 안내소가 어디 있습니까?

Où est l'office de tourisme?
우 에 로휘스 드 뚜리즘

도시 안내도를 하나 얻고 싶은데요.

Je voudrais avoir un plan de la ville.
쥬 부드레 아봐흐 엥 쁠랑 드 라 빌

역사적인 기념물들을 방문하고 싶은데요.

Je veux visiter des monuments historiques.
쥬 뵈 비지떼 데 모뉴망 이스또릭

이 도시에 대해 설명해 주시겠어요?

Pouvez-vous me renseigner sur cette ville?
뿌베-부 므 랑세니예 쉬흐 쎗 빌

이 도시에 볼 것이 무엇입니까?

Qu'est-ce qu'il y a à voir dans cette ville?
께-스 낄 리 아 아봐흐 당 쎗 빌

이 도시에서 무엇을 보아야 합니까?

Qu'est-ce que je dois visiter dans cette ville?

께-스 끄 쥬 되 비지떼 당 쎗 빌

가이드가 안내하는 방문이 있습니까?

Est-ce qu'il y a une visite guidée?

에-스 낄 리 아 윈 비지트 기데

페스티발 티켓 한 장 사려고 합니다.

Je veux acheter un ticket pour le festival.

쥬 뵈 아슈떼 엥 띠께 뿌흐 르 풰스띠발

티켓 한 장이 얼마입니까?

Combien coûte le ticket?

꽁비엥 꾸뜨 르 띠께

학생용 특별 가격이 있습니까?

Est-ce qu'il y a un prix spécial pour les étudiants?

에-스 낄 리 아엥 프리 스페시알 뿌흐 레 제뛰디앙

관광 버스를 어디에서 탑니까?

Où est-ce qu'on prend l'autocar?

우 에-스 꽁 프랑 로또까흐

관광에 대해서

박물관이나 명승지에서

알아두기

박물관에서 작품을 감상할 때 작품을 배경으로 해서 사진을 찍기도 하는데 사진기의 플래시가 허용되지 않는 경우가 많다. 안내인에게 사진기의 플래시를 사용할 수 있는지 미리 물어보는 것이 예의다.

관광에 대해서

루브르 박물관

이 건물은 무엇입니까?
Qu'est-ce que c'est que ce bâtiment?
깨-스 끄 쎄 끄 스 바띠멍

이 동상은 누구입니까?
Qui est-ce, cette statue?
끼 에-스 쎄뜨 스따뛰

사진을 찍어도 됩니까?

Je peux prendre des photos?
쥬 뾔 프랑드르 데 포또

플래시를 사용해도 됩니까?

Je peux utiliser un flash?
쥬 뾔 위띨리제 엥 홀라쉬

영어로 된 설명서가 있습니까?

Est-ce qu'il y a un dépliant en anglais?
에-스 낄 리 아 엥 데쁠리앙 안 앙글레

한국어로 된 설명서가 있습니까?

Est-ce qu'il y a un dépliant en coréen?
에-스 낄 리 아 엥 데쁠리앙 앙 꼬레엥

이 책자는 얼마입니까?

Combien coûte cette brochure?
꽁비엥 꾸뜨 쎄뜨 브로쉬르

내 짐을 어디에 맡길 수 있습니까?

Où est-ce que je peux consigner mes bagages?
우 에-스 끄 쥬 뾔 꽁씨니에 메 바가쥐

박물관이 몇시에 닫힙니까?

A quelle heure ferme le musée?
아 껠 뢰흐 훼흠 르 뮤제

관광에 대해서

이 그림의 저자는 누구입니까?

Qui est l'auteur de ce tableau?
까 에 로퇴흐 드 스 따블로

이것은 어느 시대의 것입니까?

Ça date de quelle époque?
싸 다뜨 드 께ㄹ 에포크

이 글씨가 무엇을 상징합니까?

Qu'est-ce que signifie cette écriture?
께-스 끄 시니피 쎄뜨 에크리뛰흐

이 그림은 무엇을 나타냅니까?

Qu'est-ce que représente ce tableau?
께-스 끄 르프레장뜨 스 따블로

관광에 대해서

소르본느대학

실내부

7. 영화나 연극

알아두기

　프랑스는 영화 산업이 발달되어 있으며 헐리우드의 영화와 차별화가 이루어지는 영화를 만들어내고 있다. 또한 프랑스 사람들도 영화를 좋아한다. 시간 여유가 있을 때 무엇을 하느냐는 질문에 영화관에 간다는 대답이 1위를 차지할 정도이다. 연극 또한 발달되어 있으며 Comédie Françaises(꼬메디 프랑세즈 : 국립 연극관)에서 공연하는 연극을 보려면 오래 전에 예약을 해야 할 정도로 인기이다. 경우에 따라서는 당일에 가서도 자리가 잡을 수 있다. 영화나 연극에 관한 정보를 알려면 길거리의 신문 가판대에서 Paris Vision(빠리 비지용)과 같은 종류의 소책자를 사면 된다.

코메디 프랑세즈(국립 연극관)가 어디 있습니까?
Où se trouve la Comédie Française?
우 스 트루브 라 꼬메디 후랑세즈

고몽 영화관이 어디 있습니까?
Où se trouve le cinéma Gaumont?
우 스 트루브 르 씨네마 고몽

나는 영화를 좋아한다.
J'aime le cinéma.
젬 르 씨네마

나는 모험 영화를 좋아한다.
J'aime le film d'aventure.
젬 르 휠므 다방튀르

경찰 영화를 좋아하지 않는다.
Je n'aime pas le film policier.
쥬 넴 빠 르 휠므 뽈리시에

나는 애정 영화를 아주 좋아한다.
J'adore le film d'amour.
자도르 르 휠므 다무르

나는 연극관에 자주 간다.
Je vais souvent au théâtre.
쥬 베 쑤방 오 떼아트르

다음 공연은 몇 시에 시작합니까?
La prochaine séance commence à quelle heure?
라 프로쉔 쎄앙스 꼬망스 아 껠 외흐

마지막 공연은 몇시에 시작합니까?
La dernière séance commence à quelle heure?
라 데르니에 쎄앙스 꼬망스 아 껠 외흐

연기자들은 누구입니까?
Qui sont les acteurs?
끼 송 레 작퇴흐

연출가는 누구입니까?
Qui est le metteur en scène?
끼 에 르 메퇴흐 앙 쎈

이 연극에서 누가 연기합니까?
Qui joue dans cette pièce?
끼 주 당 쎗 삐에스

입장료가 얼마입니까?
C'est combien, l'entrée?
쎄 꽁비엥 랑트레

싼 좌석 표가 있습니까?

Il y a des places de bas prix?

일 리 아 데 쁠라스 드 바 프리

2회 공연 표 3장 주세요.

Trois billets pour la deuxième séance, s'il vous plaît.

트롸 비예 뿌흐 라 되지엠 쎄앙스 씰 부 쁠레

단체용 특별 요금이 있습니까?

Est-ce qu'il y a un prix spécial pour un groupe?

에-스 낄 리 아 엥 프리 스뻬시알 뿌흐 엥 그룹

영화나 연극 공연

우리는 10명입니다.

Nous sommes dix.

누 솜 디스

학생용 요금이 있습니까?

Est-ce qu'il y a un prix spécial pour les étudiants ?

에-스 낄 리 아 엥 프리 스뻬시알 뿌흐 레 제 쀠디앙?

기타 공연

조수미의 공연을 보러 가겠다.
Je vais assister au concert de Soumi JO.
쥬 베 아씨스떼 오 꽁쎄흐 드 수미 조

조수미가 어디에서 공연을 합니까?
Où est-ce que Soumi JO donne le concert?
우 에스 끄 수미 조 돈느 르 꽁쎄흐

공연은 몇 시에 시작합니까?
A quelle heure commence le concert?
아 껠 뢰흐 꼬망스 르 꽁쎄흐

공연은 얼마나 지속됩니까?
Combien de temps dure le concert?
꽁비엥 드 땅 뒤흐 르 꽁쎄흐

샹송 CD를 어디에서 살 수 있습니까?
Où est-ce qu'on peut acheter les CD de chansons?
우 에스 꽁 뾔 따슈떼 레 쎄데 드 샹송

이 공연에 대해 어떻게 생각하십니까?

Que pensez-vous de ce concert?
끄 뺑쎄-부 드 스 꽁쎄흐

아주 재미있었습니다.

Je le trouve très intéressant.
쥬 르 트루브 트레 쟁떼레쌍

영화나 연극 공연

8. 운동

당신은 어떤 운동을 하십니까?
　Quel sport pratiquez-vous?
　껠　스포흐　프라띠깨-부

프랑스인들이 가장 좋아하는 운동은 무엇입니까?
　Quel est le sport le plus aimé des français?
　껠　레 르 스포흐　르 쁠뤼　제메 데 후랑세

축구 경기를 가 보겠다.
　Je vais voir un match de football.
　쥬 배　봐흐 엥 마치　드 훗볼

스타드 프랑스는 어디 있습니까?
　Où se trouve le Stade de France?
　우 스 투르브　르 스타드 드 후랑스

파흐끄 데 프렝스(축구 경기장의 이름)는 어디

있습니까?

Où se trouve le Parc des Princes?
우 스 트루브 르 빠흐끄 데 프렝스

그곳에 어떻게 갈 수 있나요?

Comment peut-on y aller?
꼬망 뾔-똥 이 알레

당신은 태권도를 아세요?

Vous connaissez le Taekwondo?
부 꼬네쎄 르 태권도

태권도 경기를 어디에서 합니까?

Où est-ce qu'on fait le match de Taekwondo?
우 에-스 꽁 훼 르 마지 드 태권도

기타 여흥에 관한 표현

수영장이 어디 있습니까?

Où est la piscine?
우 에 라 삐씬

수영을 하고 싶습니다.

Je veux faire la natation.
쥬 뵈 훼흐 라 나따시옹

스키를 하고 싶습니다.

Je veux faire du ski.
쥬 뵈 훼흐 뒤 스키

테니스를 치고 싶은데요.

Je veux jouer au tennis.
쥬 뵈 주에 오 떼니스

골프를 치고 싶은데요.

Je veux jouer au golf.
쥬 뵈 주에 오 골프

사우나가 있습니까?

Est-ce qu'il y a un sauna?
에-스 낄 리 아 엥 쏘나

시간 당 얼마입니까?

C'est combien par heure?
쎄   꽁비엥   빠흐 외흐

캬바레에 가보고 싶은데요.

Je veux aller voir le cabaret.
쥬 뵈   알레   봐흐   르 까바레

운동

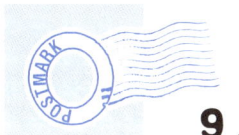

9. 우편, 전화

알아두기

　프랑스에서는 사람들이 우체국을 많이 이용한다. 프랑스 사람들에게 아직도 편지쓰는 습관이 남아 있으며 모든 행정적인 일들도 서신을 통해서 이루어진다. 편지가 증빙 자료가 되기 때문에 중요한 것이다. 하다 못해 바로 옆 아파트에 사는 사람이 집안에서 소음을 내어 방해를 받을 때에도 편지를 써서 항의할 수 있다. 항의가 받아들여지지 않을 때에는 편지 사본과 함께 관할 행정 관청에 제소를 걸 수도 있다.

　우체국을 P.T.T. (뻬떼떼 : Postes et Télécommunication)라고 하는데 우체국의 숫자가 그렇게 많지 않으며 대부분의 경우 사람들이 줄을 서서 차례를 기다린다. 업무 시간은 아침 8시부터 5시까지이다. 점심 시간인 12시-2시 사이에는 업무를 보지 않는 곳도 있다.

　프랑스에서 공중 전화를 걸 때에는 Télécarte(뗄레까흐뜨 : 전화 카드)를 사야 한다. 드물게 동전으로 전화를 거는 곳도 있으나 그 수가 별로 없고 동전으로 전화할 수 있는 기계는 대개 카페의 지하에 설치되어 있다. 전화 카드는 50단위, 120단위, 등 시내 전화 통화 횟수에 따라 종류가 달라지며 우체국이나 Tabac(따바), 또는 길거리에 설치되어 있는 신문 가판대(kiosque)에서 구입할 수 있다.

　전화를 거는 요령은 우리나라의 경우와 마찬가지이다. 우선 수화기를 들고 카드를 넣은 다음 전화 번호를 눌러 통화를 한다. 기계에 따라서는 카드를 넣고 카드 삽입구의 덮개를 덮어야 전화 번호를 누를 수 있는 것도 있다. 이런 경우 수화기를 다시 걸어 놓으면 잠시 후에 덮개가 열리고 카드를 빼낼 수 있게 된다. 덮개가 없는 기계에서는 수화기를 걸어 놓으면 카드가 저절로 밖으로 나온다.

우편　전화

우체국에서

우체국이 어디 있습니까?

Où se trouve la poste, s'il vous plaît.
우 스 트루브 라 뽀스트 씰 부 쁠레

이 편지를 등기우편으로 보내고 싶은데요.

Je voudrais envoyer cette lettre en recommandé.
쥬 부드레   앙봐예   쎗 레트르 앙 르꼬망데

수신자 확인 편지를 보내고 싶은데요.

Je voudrais envoyer cette lettre avec accusé de reception.
쥬 부드레   앙봐예   쎗   레트르   아벡   아뀌제 드 레쎕시옹

이 편지를 긴급우편으로 보내고 싶은데요.

Je voudrais envoyer cette lettre par chronoposte.
쥬 부드레   앙봐예   쎗 레트르 빠흐 크로노뽀스트

이 소포를 항공편으로 보내고 싶은데요.

Je voudrais envoyer ce colis par avion.
쥬 부드레   앙봐예   스 꼴리 빠흐 아비옹

이 소포를 선편으로 보내고 싶은데요.

Je voudrais envoyer ce colis par bateau.
쥬 부드레   앙봐예   스 꼴리   빠흐 바또

편지의 무게는 얼마입니까?

Combien pèse la lettre?
꽁비엥   빼즈   라 레트르

소포는 무게가 얼마입니까?

Combien pèse le colis?
꽁비에   빼즈   르 꼴리

요금이 얼마입니까?

C'est combien?
쎄   꽁비엥

1유로짜리 우표 두장 주세요.

Deux timbres à un euro, s'il vous plaît.
되   땡브르   아 엥 외로   씰   부   쁠레

이 편지가 언제 도착됩니까?

Cette lettre arrive quand?
쎗   레트르   아리브   깡

전화 걸기

 알아두기

프랑스의 전화 번호는 10개 숫자로 되어 있다. 첫 2자는 지역 번호에 해당되는 것으로 프랑스 전역을 5개 지역으로 나누었는데 빠리 지역은 01이다.

우편 전화

공중 전화 박스를 찾는데요.

Je cherche une cabine téléphonique, s'il vous plaît.
쥬 쉐흐쉬   윈 까빈   뗄레포닉 씰 부 쁠레

전화카드를 어디에서 살 수 있습니까?

Où est-ce que je peux acheter la télécarte?
우 에-스   끄 쥬 뾔   아슈떼 라 뗄레까흐뜨

외국으로 전화를 걸고 싶은데요.

Je voudrais téléphoner à l'étranger.
쥬 부드레   뗄레포네   아 레트랑세

국가 코드가 몇번입니까?

Quel est le code indicatif du pays?
껠   에 르 꼬드 엥디까띠프 뒤 뻬이

수신자 부담으로 전화를 하고 싶은데요.

Je voudrais téléphoner en P.C.V..
쥬 부드레   뗄레포네   앙   뻬쎄베

여보세요.

Allô!
알로

우편 전화

마르뗑 씨와 통화하고 싶습니다.

Je voudrais parler à Monsieur Martin.
쥬 부드레   빠흘레   아 므시외   마흐뗑

소리가 잘 안 들립니다.

Je vous entends mal.
쥬 부   장땅   말

좀더 큰 소리로 말할 수 있습니까?

Pouvez-vous parler plus fort?
뿌베-부   빠흘레 쁘리 휘흐

통화 중입니다.

La ligne est occupée.
라 리뉴 에 또뀌뻬

잠깐만요, 그를 바꿔 드리겠습니다.

Ne quittez pas, je vous le passe.
느 끼떼 빠   쥬 부 르 빠스

프 랑스 어 회화 · 164

메모를 남겨도 됩니까?
Je peux laisser un message?
쥬 뾔 레쎄 엥 메싸쥐

우편 전화

벼룩시장

벼룩시장무프따리거리시장

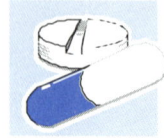

10. 약국, 병원

 알아두기

프랑스의 약국에서는 간단한 구급약을 제외하고는 의사의 처방전이 없으면 의약품을 살 수 없다. 그리고 처방전이 없이 사는 약은 값도 비싸다. 가능하다면 의사의 진찰을 받고 처방전으로 약을 구입하는 것이 좋다. 약국은 녹십자로 표시되어 있으며 약국의 앞에 열려 있는 시간을 게시해 놓았다. 보통 8시-12시, 14시-18시가 약국이 열려 있는 시간이다. 정기 휴가 등으로 닫힌 경우 가까운 영업 약국을 표시해 놓는다. 빠리 샹제리제 거리 84번지에 위치한 S.O.S. 약국은 24시까지 열려 있다. (84 Av. des Champs-Elysés, Tél. 01 45 62 02 41)

약국을 찾는데요.

Je cherche la pharmacie, s'il vous plaît.

쥬 쉐흐쉬   라 화흐마시   씰 부 쁠레

머리가 아픈데요.

J'ai mal à la tête.

쟤 말 아 라 떼뜨

배가 아픈데요.

J'ai mal à l'estomac.
제 말 아 레스토마

목이 아픈데요.

J'ai mal à la gorge.
제 말 아 라 고흐쥐

감기 걸렸어요.

J'ai un rhume.
제 엥 뢈

약국 병원

설사를 합니다.

J'ai la diarrhée.
제 라 디아레

기침이 나옵니다.

Je tousse.
쥬 뚜스

열이 있습니다.

J'ai de la fièvre.
제 드 라 휘에브르

편두통이 있습니다.

J'ai la migraine.
제 라 미그랜

현기증이 납니다.

J'ai le vertige.
제 르 베흐띠쥐

아스피린 좀 주세요.

Je voudrais des aspirines.
쥬 부드레   데 자스피린

구급차를 불러 주세요.

Appelez-moi une ambulance, s'il vous plaît.
아쁠레-와   윈 앙뷸랑스   씰 부 쁠레

병원으로 데려다 주시겠어요?

Pouvez-vous me conduire à l'hôpital?
뿌베-부   므 꽁뒤흐   아 로삐딸

여기 의사의 처방전이 있습니다.

Voilà l'ordonnance du docteur.
볼라 로흐도낭스   뒤 독퇴흐

이 약을 하루에 몇번 먹습니까?

Je prends ce médicament combien de fois par jour?
쥬 프랑 스 메디까망 꽁비엥 드 화 빠흐 주흐

약국 병원

이 약을 식후에 먹습니까?

Je prends ce médicament après le repas?

쥬 프랑 스 메디까망 아프레 르 르빠

나는 임신중입니다.

Je suis enceinte.

쥬 쉬 장쎙뜨

입을 벌려 보세요.

Ouvrez la bouche.

우브레 라 부쉬

혀를 내밀어 보세요.

Tirez la langue.

띠레 라 랑그

기침해 보세요.

Toussez.

뚜쎄

심호흡을 해보세요.

Respirez profondément.

레스삐레 프로퐁데망

 # 11. 사고가 났을 때

 알아두기

　자동차 사고가 났을 때에는 망설이지 말고 주위의 사람에게 도움을 청한다. 부상자가 있을 때에는 부상자를 먼저 배려한다.

사람 살려.

Au secours!
오 스꾸흐

도와 주세요.

Aidez-moi, s'il vous plaît.
에데-뫄　씰 부 쁠레

자동차 사고가 났습니다.

Il y a un accident de voiture.
일 리 야 엔   악씨당   드   봐뛰흐

부상자가 있습니다.

Il y a des blessés.
일 리 야 데   블레쎄

사망자는 없습니다.

Il n'y a pas de mort.
일 니   야 빠   드 모흐

경찰에 신고해야 합니까?

Faut-il avertir la police?
포-띨   아베흐띠흐 라 뽈리스

사고가 났을 때

도난이나 소지품을 분실하였을 때

알아두기

프랑스에서는 신변의 안전 문제는 별로 없으나 길거리에는 관광객의 소지품을 노리는 소매치기들이 많이 있다. 지하철, 루브르 박물관 내부(특히 모나리자의 미소가 있는 장소), 등 사람들이 많이 모여 있는 곳에서 소매치기를 당하는 일이 많다. 만약 소매치기를 당하면 경찰서에 신고하여 증빙 서류를 갖고 있는 것이 유사시에 쓰일 수 있다.
여권을 분실한 경우에는 우리나라 대사관에 신고하여 재발

급을 받는다. 여행자 수표를 분실했을 때에는 수표 발행 지점에 가서 도난 신고 서류와 함께 분실된 여행자 수표의 번호를 알려주어 재발행을 받을 수 있다.

도둑이야!

Au voleur!

오 볼뢰흐

도둑을 잡아 주세요.

Arrêtez le voleur.

아렛떼 르 볼뢰흐

사고가 났을 때

그 남자입니다.

C'est lui.

쎄 뤼

그 여자입니다.

C'est elle.

쎄 뗄

여권을 분실하였습니다.

J'ai perdu mon passeport.

제 뻬흐뒤 몽 빠스포흐

나의 손가방을 소매치기 당했습니다.

On m'a volé mon sac.

옹 마 볼레 몽 싹

프 탕스 어 회화 · 172

나의 지갑을 소매치기 당했습니다.

On m'a volé mon portefeuille.
옹 마 볼레 몽 뽀흐뜨포이으

도난 신고를 하려고 하는데요.

Je voudrais faire une déclaration de vol.
쥬 부드레 훼흐 윈 데끌라라씨옹 드 볼

어디에서 일어난 일인지 모릅니다.

Je ne sais pas où cela s'est passé.
쥬 느 쎄 빠 우 슬라 쎄 빠쎄

분실물 보관소는 어디 있습니까?

Où se trouve le bureau des objets trouvés?
우 스 트루브 르 뷔로 데 조브제 트루베

어떻게 해야 합니까?

Que dois-je faire?
끄 되-쥬 훼흐

부록 : 어휘

유용한 프랑스어 어휘

어휘

가격	le prix	르 프리
가깝다	près	프레
가다	aller	알레
가득한	plein	쁠렝
가방	un sac	엥 싹
가벼운	léger(légère)	레줴(흐)
가이드	le guide	르 기드
가족	la famille	라 파미으
가죽	le cuir	르 뀌르
간단한	simple	쎙쁠
감기	le rhume	르 륌
강	un fleuve	엥 플뢰브
강한	fort	퓌흐
같이(함께)	ensemble	앙상블
	avec	아벡
개	un chien	엥 쉬엥
거리	la rue	라 뤼

거울	un miroir	엥 미롸흐
거의	presque	프레스크
거절하다	refuser	르뛰제
거짓말	un mensonge	엥 망송쥐
거짓말하다	mentir	망띠흐
건전지	une pille	윈 삘
건물	le bâtiment	르 바띠망
건조한	sec (sèche)	쎗, 쎄쉬
걸어가다	aller à pied	알레 아 삐에
검사	le contr le	르 꽁트롤
검은	noir	놔흐
겨자	une moutarde	윈 무따흐드
결정	la décision	라 데씨지옹
결정하다	décider	데씨데
결혼	le mariage	르 마리아쥐
경기	un jeu	엥 죄
경찰관	un agent de police	엥 아상 드 뽈리스
계산	le compte	르 꽁뜨
계산서	l'addition	라디씨옹

계약서	le contrat	르 꽁트라
고속도로	l'autoroute	로또루트
고장	la panne	라 빤
고장난	en panne	앙 빤
공공의	publique	쀠블릭
공부하다	étudier	에뛰디에
	faire des études	훼흐 데 제뛰드
공원	un parc	엥 빠흐끄
공장	une usine	윈 위진
공항	l'aéroport	라에로뽀흐
과세	la taxe	라 딱스
과일	le fruit	르 후뤼
과자	le gâteau	르 가또
관광	le tourisme	르 뚜리즘
관광객	un touriste	엥 뚜리스트
광장	la place	라 쁠라스
교회	une église	윈 에글리스
구급차	une ambulance	윈 앙쀨랑스
구두	les chaussures	레 쇼쉬흐
구멍	un trou	엥 트루

구름	le nuage	르 뉘아쥐
국적	la nationalité	라 나시오날리떼
굴	l'huître	뤼트르
궁전	le palais	르 빨레
귀	l'oreille	로레이
귀중품	l'objet de valeur	로브제 드 발뢰
규칙	la règle	라 레글
그리다	peindre	뼁드르
그림	la peinture	라 뼁뛰흐
극장	le cinéma	르 시네마
금	l'or	로흐
금발의	blond(e)	블롱(드)
기념물	le monument	르 모뉘망
기다리다	attendre	아땅드흐
기대하다	espérer	에스뻬레
기쁨	la joie	라 좌
기온	la température	라 땅뻬라뛰흐
기차	le train	르 트렝
기침	la tousse	라 뚜스
기혼의	marié(e)	마리에

어휘

어휘		
기회	l'occasion	로까지옹
기후	le climat	르 끌리마
긴	long(ue)	롱(그)
긴급	l'urgence	뤼흐장스
깊은	profond(e)	프로퐁(드)
깨다(잠을)	se r veiller	스 레베이예
꽃	une fleur	윈 플뢰흐
끌다	tirer	띠레
나라	le pays	르 뻬이
나무	un arbre	엥 아흐브흐
나쁘다	mauvais	모베
나이	l' ge	라쥐
낚시	la p che	라 뻬쉬
날	le jour	르 주흐
낮	la journée	라 주흐네
날다	s;envoler	쌍볼레
날짜	la date	라 다뜨
남성의	masculin	마스뀔렝
남기다	laisser	레쎄
남쪽	le sud	르 쉬드

프 랑스 어 회화 · 180

한국어	프랑스어	발음
남편	le mari	르 마리
냄비	une casserole	윈 까스롤
내려가다	descendre	데쌍드르
내리다	baisser	베쎄
내의	le sous-vêtement	르 수베뜨망
냄새	l'odeur	로되흐
냅킨	un mouchoir	엥 무쉬와
냉장고	un ré frigérateur	엥 레 프리제라퇴흐
넓다	large	라흐쥐
넥타이	une cravate	윈 크라바뜨
노래하다	chanter	샹떼
노래	une chanson	윈 샹송
노크하다	frappper	후랍뻬
녹색의	vert	베흐
농구	le basketball	르 바스켓볼
농부	un fermier	엥 페르미에
농가	une ferme	윈 페름
농사	l'agriculture	라그리뀔뚜흐

어휘

어휘

한국어	프랑스어	발음
높다	haut(e)	오(뜨)
눈	les yeux	레 지외
눈썹	le sourcil	르 쑤흐시
늦다	tard	따흐
다른	différent	디페랑
다리	un pont	엥 뽕
다리다	repasser	르빠쎄
닦다	essuyer	에쒸이에
단순하다	simple	쁨쁠
닫다	fermer	페르메
달걀	un oeuf	엥 에프
닭고기	un poulet	엥 뿔레
담배	une cigarette	윈 시가레뜨
대단히	beaucoup	보꾸
대답하다	répondre	레뽕드흐
대사관	l'ambassade	랑바사드
대사	l'ambassadeur	랑바사되흐
대학교	l'universit	뤼니베흐시떼
더러운	sale	쌀
더운	chaud	쇼

한국어	프랑스어	발음
던지다	lancer	랑세
도둑	le voleur	르 볼뢰흐
도서관	la bibliothèque	라 비블리오떼크
도자기	une porcelaine	윈 뽀흐슬렌
도착하다	arriver	아리베
도착	l'arrivée	라리베
독신의	célibataire	쎌리바 크
돈	de l'argent	드 라흐쟝
돌아가다	retourner	르뚜르네
돕다	aider	에데
동물	animal	아니말
동전	une pièce	윈 삐에스
동쪽	l'est	레스트
돼지고기	du porc	뒤 뽀흐
두껍다	épais	에뻬
두통	mal de tête	말드떼트
둥글다	rond	롱
들어가다	entrer	앙트래
디저트	le dessert	르 데쎄흐
따뜻하다	tiède	띠에드

어휘

땅	la terre	라 떼흐
때때로	de temps en temps	드 땅장땅
라이터	un briquet	엥 브리께
마시다	boire	봐흐
마약	une drogue	윈 드로그
만나다	rencontrer	랑꽁트레
만들다	fabriquer	파브리께
만족	la satisfaction	라 싸디스팍씨옹
만지다	toucher	뚜쉐
많다	beaucoup	보꾸
말하다	parler	빠흘레
맛보다	goûter	구떼
맛있다	d licieux	델리시외
맥주	de la bière	드 라 비에흐
머리	la tête	라 떼뜨
머리카락	les cheveux	레 슈뵈
먹다	manger	망줴
멀다	loin	루엥
멋지다	chic	쉭

면도하다	se raser	스 라제
면세	la détaxe	라 데딱스
모두	tout	뚜
모양	la forme	라 포홈
모으다	ramasser	라마쎄
모자	un chapeau	엥 샤뽀
목	le cou	르 꾸
목구멍	la gorge	라 거흐쥐
목적지	la destination	라 데스티나시옹
몸	le corps	르 꺼흐
묘지	une tombe	윈 똥브
(공동묘지)	la cimetière	라 씨므띠에흐
무겁다	lourd	루흐
무게	la pesanteur	라 쁘장퇴
무릎	le genou	르 즈누
무엇	quoi	꽈
문	une porte	윈 뽀흐트
문방구	une papeterie	윈 빠쁘트리
문제	un problème	엥 프로블렘
문화	la culture	라 뀔뚜흐

어휘		
묻다	demander	드망데
물	de l'eau	드 로
미국	les Etats-Unis	레제따쥐니
미용실	le salon de beautè	르살롱드보떼
밀다	pousser	뿌세
바다	la mer	라 메흐
바닥	le plancher	르 쁠랑쉐
바닥에	par terre	빠흐 떼흐
바쁘다	occupé	오뀌뻬
바지	un pantalon	엥 빵딸롱
박물관	le musée	르 뮈제
반(절반)	la moitié	라 롸띠에
반대	l'opposition	로뽀지씨옹
반복하다	répéter	레뻬떼
반지	une bague	윈 바그
반환하다	rendre	랑드르
받다	recevoir	르스봐이
발	le pied	르 삐에
발코니	le balcon	르 발꽁

밝다	lumineux	뤼미뇌
밤	la nuit	라 뉘
방	la chambre	라 샹브르
방문하다	visiter	비지떼
방해하다	gêner	제네
방향	la direction	라 디렉씨옹
배	un bateau	엥 바또
백화점	un grand magasin	엥 그랑 마가젱
버스	un car	엥 까흐
버터	du beurre	뒤 뵈흐
번호	le numéro	르 뉘메로
벗다	se déshabiller	스 데자비예
벤치	un banc	엥 방
벨트	une ceinture	윈 쎙뛰흐
벽	le mur	르 뮈흐
별	une étoile	윈 에똴
병원	un hôpital	엥 오삐딸
병이 난	malade	말라드
보내다	envoyer	앙봐예

어휘

보다	regarder	르가흐데
보여주다	montrer	몽트레
보증하다	garantir	가랑띠흐
보통의	ordinaire	오흐디네흐
보험	l'assurance	라쒸랑스
보호	la protection	라 프로떽시옹
복잡하다	compliqué	꽁쁘리께
볼펜	un stylo à bille	엥 스틸로아비오

봄	le printemps	르 프렝떵
봉투	une enveloppe	윈 앙블로쁘
부르다	appeler	아쁠레
부모	les parents	레 빠랑
부인	une dame	윈 담
부유하다	riche	리쉬
북쪽	le nord	르 노흐
분수	un jet d'eau	엥 제도
분위기	l'atmosphère	라뜨모스페흐
불다	souffler	수플레
브레이크	le frein	르 프렝

블라우스	un chemisier	엥 쉬미지에
비누	un savon	엥 싸봉
비상구	la sortie de secours	라 쏘흐띠 드 스꾸
비슷하다	similaire	씨밀레흐
비싼	cher	쉐흐
비자	le visa	르 비자
비행기	un avion	엥 아비옹
빈	vide	비드
빌다	prier	프리에
빗	une peigne	윈 뻬니으
빠르다	vite	비뜨
빨갛다	rouge	루즈
빵	du pain	뒤 뺑
빵집	une boulangerie	윈 불랑즈리
사건	un événement	엥 에벤느망
사고	un accident	엥 악씨당
사과	une pomme	윈 뽐
사과하다	s'excuser	섹스뛰제

어휘

프랑스어 회화 · 189

어휘

사다	acheter	아슈떼
사무소	le bureau	르 뷔로
사용하다	utiliser	위띨리제
사진	une photo	윈 포또
산	une montagne	윈 몽따니으
살다	vivre	비브흐
상세하다	détaillé	데따이예
상아	une ivoire	윈 이봐흐
상업	le commerce	르 꼬메흐스
상점	un magasin	엥 마가셍
상처	une blessure	윈 블레쒸흐
상품	une marchandise	윈 마흐샹디스
새	un oiseau	엥 외조
새로운	nouveau	누보
새우	la crevette	라 크르베뜨
색깔	la couleur	라 꿀뢰흐
샌드위치	un sandwich	엥 상드위치
생각하다	penser	뻥세
생일	l'anniversaire	라니베흐세흐

생명	la vie	라 비
샤워	la douche	라 두쉬
샴페인	du champagne	뒤 샴빠니으
서명	la signature	라 씨나뛰흐
선명한	clair	끌레흐
선물	un cadeau	엥 까도
선택하다	choisir	쇠지흐
설명하다	expliquer	엑스쁠리께
설사	la diarrhée	라 디아레
설탕	du sucre	뒤 쒸크르
성	un château	엥 샤또
성공	un succès	엥 쒸ㄱ세
성인	un adulte	엥 아뒬
세계	le monde	르 몽드
세관	la douane	라 두안
세탁	le lavage	르 라바쥐
셔츠	une chemise	윈 쉬미즈
소	un boeuf	엥 뵈흐
소금	du sel	뒤 셀
소방수	un pompier	엥 뽕삐에

어휘

소스	une sauce	윈 소스
소시지	une saucisse	윈 소시스
손	la main	라 멩
손가락	les doigts	레 돠
손님	un client	엥 끌리앙
소고기	du boeuf	뒤 뵈흐
수리하다	réparer	레빠레
수수료	la commission	라 꼬미시옹
수염	la barbe	라 바흐브
수영	la natation	라 나타씨옹
수영복	le maillot de bain	르 마이요 드 벵
수영장	la piscine	라 삐씬
수표	un chèque	엥 쉐크
수퍼마켓	un supermarché	엥 쉬뻬흐마흐쉐
쉬운	facile	파씰
스카프	un foulard	엥 풀라흐
스커트	une jupe	윈 쥡
스케이트	un patin	엥 빠뗑

한국어	프랑스어	발음
스케이트장	une patinoire	윈 빠띠놔
스타킹	un collant	엥 꼴랑
스튜어디스	l'hôtesse de l'air	로떼스드레흐
슬프다	triste	트리스트
승객(비행기)	un passager	엥 빠씨줴
시(시간)	l'heure	뢰흐
시간표	l'horaire	로뢰흐
시계(손목)	une montre	윈 몽트르
시끄럽다	bruyant	브뤼양
시원하다	frais	프레
시장(市場)	le marché	르 마흐쉐
시장(市長)	le maire	르 메흐
시차	le décalage horaire	르 데깔라쥐 오뢰흐
시청	la mairie	라 메리
식당	un restaurant	엥 레스토랑
식료품가게	l'épicerie	레뻬스리
식사	un repas	엥 르빠
신고	la déclaration	라 데끌라라시옹
신문	le journal	르 주흐날

어휘

한국어	프랑스어	발음
신분증	la pièce d'identité	라 삐에스 디당띠떼
실수	une erreur	윈 에뢰흐
실제의	réel	레엘
실크의	en soie	앙 쇠
심장	le coeur	르 꾀흐
심한	terrible	떼리블
싸우다	se battre	스 바트르
싼 값의	bon marché	봉 마흐쉐
쌀	le riz	르 리
쓰다(글을)	écrire	에크리흐
쓴(맛이)	amer	아메흐
아버지	le père	르 뻬흐
아이스크림	une glace	윈 글라스
아침식사	le petit-déjeuner	르 쁘띠데죄네
악수하다	serrer la main	쎄레 라 멩
안경	les lunettes	레 뤼네뜨
안내	l'information	렝포흐마시옹
안전	la sécurité	라 쎄뀌리떼
앉다	s'asseoir	싸스와흐

알다	connaître	꼬네트르
암	le cancer	르 깡세흐
야채	la salade	라 쌀라드
약	le médicament	르 메디까망
약국	une pharmacie	윈 파흐마씨
약속	une promesse	윈 프로메스
약하다	fragile	프라질
얇다	mince	멩스
양(量)	la quantité	라 깡띠떼
양말	les chaussettes	레 쇼세트
양복	les costumes	레 꼬스뜀
양파	un oignon	엥 오니옹
어깨	l'épaule	레뽈
어렵다	difficile	디피씰
어린이	un enfant	엥 앙팡
어머니	la mère	라 메흐
언어	la langue	라 랑그
얼굴	le visage	르 비사쥐
얼마	combien	꽁비엥
엘리베이터	l'ascenseur	라쌍쇠흐

어휘

여권	le passeport	르 빠스포흐
여성의	féminin	훼미넹
여행	le voyage	르 봐아쥐
여행자	le touriste	르 뚜리스트
여행자 수표	le chèque de voyage	르 쉑 드 봐아쥐
여행하다	voyager	봐아제
역	la gare	라 가흐
연극	le théâtre	르 떼아트르
열	la chaleur	라 샬뢰
열다	ouvrir	우브리흐
열쇠	la clé	라 끌레
엽서	la carte postale	라 까흐트 포스탈
영사관	le consulat	르 꽁슐라
영수증	le reçu	르 르쉬
영향	l'influence	렝플뤼앙스
영화	le film	르 필므
영화관	le cinéma	르 씨네마
옆에	côté	아 꼬떼
예쁘다	joli	졸리

예술	l'art	라흐
예약하다	réserver	레제흐베
오늘	aujourd'hui	오주르뒤
오래된	vieux	비외
오르다	monter	몽떼
온천	la therme	라 떼흠
오리	un canard	엥 까나흐
옷	le vêtement	르 베뜨망
외국인	un étranger	엥 에트랑제
외부의	extérieur	엑스떼리외
왼쪽	gauche	고쉬
요금	le tarif	르 따리프
요리	la cuisine	라 뀌진
요리사	un cuisinier	엥 뀌지니에
욕실	une salle de bain	윈 쌀드벵
욕조	un baignoire	엥 베뉴와
우체국	la poste	라 포스트
우표	le timbre	르 뗑브르
운동	le sport	르 스포흐
운전면허증	le permis	르 뻬흐미

원하다	espérer	에스뻬레
위	l'estomac	레스토마
위험	le danger	르 당줴
유명한	célébre	쎌레브흐
유익한	utile	유띨
유적	le monument	르 모뉴망
은(銀)	l'argent	라흐쟝
은행	la banque	라 방크
음료	une boisson	윈 뵈쏭
음악	la musique	라 뮈직
의미하다	signifier	씨니피에
의사	un médecin	엥 메드
의자	une chaise	윈 쉐즈
이기다	gagner	가니에
이름	le nom	르 농
이빨	les dents	레 당
이상적인	idéal	이데알
이해하다	comprendre	꽁프랑드흐
인공의	artificiel	아흐티피씨엘
인형	une poupée	윈 뿌뻬

일	le travail	르 트라바이
일방통행	le sens unique	르 쌍스유닉
일어나다	se lever	스 르베
읽다	lire	리흐
입	la bouche	라 부쉬
입구	l'entrée	랑트레
입다	s'habiller	사비예
자동차	une voiture	윈 봐뜨흐
자르다	couper	꾸뻬
자전거	une bicyclette	윈 비씨끌레뜨
작은	petit	쁘띠
잔돈	la monnaie	라 모네
잠자다	dormir	도흐미흐
잡다	prendre	프랑드흐
잡지	la revue	라 르뷔
장갑	les gants	레 강
장난감	un jouet	엥 주에
재떨이	le cendrier	르 쌍드리에
잼	la confiture	라 꽁피뛰르
저녁식사	le dîner	르 디네

어휘

전시	l'exposition	렉스포지시옹
전지	une pille	윈 삘
전화	le téléphone	르 뗄레폰
전화번호부	l'annuaire	라뉘에흐
절약	l'économie	레꼬노미
젊은	jeune	쥔
정류장	l'arrêt	라레
정보	l'information	렝포흐마시옹
정상적인	normal	노흐말
정식의	formal	포흐말
정육점	une boucherie	윈 부슈리
정치	la politique	라 뽈리틱
정확한	précis	프레시
젖은	mouillé	무이예
제안하다	proposer	프로뽀제
제외하다	exclure	엑스끌뤼흐
제한하다	limiter	리미떼
조각	une pièce	윈 삐에스
조끼	une veste	윈 베스트
조심하다	faire attention	페흐 아땅시옹

조용한	calme	깔므
좁다	troit	에트롸
좋다	bon	봉
좌석	un siège	엥 시에쥐
주(週)	une semaine	윈 스멘
주다	donner	도네
주문하다	commander	꼬망데
주소	l'adresse	라드레스
쥬스	un jus	엥 쥐
준비하다	préparer	프레뻬레
중요하다	important	엥뽀흐땅
즐기다	s'amuser	사뮈제
증명서	le certificat	르 쎄흐띠피까
지갑	le portefeuille	르 포흐트포이유
지구	la terre	라 떼흐
지도	une carte géographique	윈 까흐트 제오그라픽
지방의	régional	레지오날
지배인	le directeur	르 디렉퇴흐
지식	la connaissance	라 꼬네쌍스

어휘

지불하다	payer	뻬이예
지역	une zone	윈 존
지위	le statut	르 스따뛰
지진	le tremblement de terre	르 트랑블르망 드 떼흐
지하	le sous-terrain	르 쑤때렝
직업	le métier	르 메띠에
진실	la vérité	라 베리떼
질(質)	la qualité	라 꺌리떼
질문	une question	윈 께스치옹
집	une maison	윈 메종
짙은	foncé	퐁세
짧다	court	꾸흐
찬성하다	d'accord	다꺼
창문	une fenêtre	윈 프네트르
찾다	chercher	쉐흐쉐
책	un livre	엥 리브르
천천히	lentement	랑뜨망
청구서	la note	라 노트
청소하다	essuyer	에쒸이애

초대하다	inviter	엥비떼
초콜렛	un chocolat	엥 쇼꼴라
최근	récemment	레싸망
추가하다	ajouter	아주옹
추억	le souvenir	르 수브니흐
추운	froid	프롸
축제	une fête	윈 페뜨
축하하다	fèliciter	팰리시떼
출구	la sortie	라 쏘흐띠
출발하다	partir	빠흐띠흐
춤추다	danser	당세
충분하다	suffir	쒸피흐
취소하다	annuler	아뉠레
치즈	du fromage	뒤 프로마쥐
친절하다	gentil	장띠
침대	un lit	엥 리
칫솔	une brosse à dents	윈 브로스 아 당
카드	une carte	윈 까흐트
카메라	un appareil photo	엥 아빠레이 포토

어휘		
커피	un café	엥 카페
컵	un verre	엥 베흐
코	le nez	르 네
콘서트	un concert	엥 꽁세흐
크기	la grandeur	라 그랑되흐
크다	grand	그랑
타다(버스를)	prendre	프랑드흐
탑	une tour	윈 뚜흐
탑승하다	embarquer	앙바흐께
택시	un taxi	엥 딱시
테니스	le tennis	르 떼니스
텐트	une tente	윈 땅뜨
텔레비전	une télévision	윈 뗄레비지옹
토마토	une tomate	윈 또마트
토하다	vomir	보미흐
통과하다	passer	빠세
특별한	spécial	스뻬시알
튼튼한	robuste	로뷔스트
티켓	un ticket	엥 띠께
팁	un pourboire	엥 뿌흐봐흐

파랗다	bleu	블뢰
판매	la vente	라 방뜨
팔	le bras	르 브라
팔다	vendre	방드흐
팔찌	un bracelet	엥 브라슬레
패션	le mode	르 모드
팜플렛	une brochure	윈 브로쉬흐
편리하다	pratique	프라띠끄
포도주	du vin	뒤 벵
포크	une fourchette	윈 프르쉐뜨
포터	un porteur	엥 뽀흐퇴흐
표현하다	exprimer	엑스프리메
품목	un article	엥 아흐띠끌
프로그램	un programme	엥 프로그람
피	du sang	뒤 쌍
피로	la fatigue	라 파띠그
피로하다	fatigué	파띠게
피아노	un piano	엥 삐아노
피하다	éviter	에비떼
필름	une pellicule	윈 뻴리뀔

어휘

어휘

필요하다	nécessaire	네쎄쎄흐
하다	faire	페흐
하얀	blanc	블랑
한가운데	le milieu	르 밀리외
한가하다	libre	리브흐
할인	le rabais	르 라베
항구	le port	르 뽀흐
해(年)	l'année	란네
행운	une fortune	윈 포흐뛴
향수	un parfum	엥 빠흐펭
허가하다	permettre	뻬흐메트흐
현금	l'argent liquide	라흐졍 리끼드
혈압	la pression de sang	라 프레시옹 드 쌍
호텔	l'hôtel	로뗄
홍차	un thé	엥 떼
화난	fâché	파쉐
화산	le volcan	르 볼깡
화장실	une toilette	윈 똬렛
화재	un incendie	엥 엥썽디

한국어	프랑스어	발음
확인하다	confirmer	꽁피흐메
환율	le taux	르 또
환전소	le bureau de change	르 뷰로 드 상쥐
회사	une compagnie	윈 꽁빠니
회상하다	se rappeler	스 라쁠레
회색의	gris	그리
회의	une réunion	윈 레위니옹
회화	une conversation	윈 꽁베르싸시옹
후회하다	regretter	르그레떼
휴가	les vacances	레 바깡스
휴식	un repos	엥 르뽀
흡연하다	fumer	퓌메
흥미있는	intéressant	엥떼레쌍
희극	une comédie	윈 꼬메디
희망	l'espérance	레스뻬랑스
희망하다	espérer	에스뻬레

어휘